짧은 스파크

이희경 시집

시인의 말

누군가 머물다 간 자리에 남은 온기, 조용히 사라진 것들이
남긴 기척에 귀를 열어봅니다.
때로는 소리보다 더 큰 울림을 만들어 내기에,
'없는 것들'이 '있는 것들'을 대신해
말을 걸어오는 순간에 닿을 때가 있습니다

그것이
시가 지나는 자리라 믿기에
따라 걸을 수 있는 사람으로 남고 싶습니다.

2025년
이희경

차 례

● 시인의 말

제1부

길 잃은 이들을 위한 노래 ——— 11

조용한 식물 ——— 12

비는 어디로 가나 ——— 14

흐릿한 경계 ——— 16

하이힐의 재발견 ——— 18

연기緣起 ——— 20

수면 아래 ——— 23

시마 ——— 24

뫼비우스 띠 ——— 26

머그잔 ——— 28

포커스 ——— 30

하루가 이렇게 가기도 한다 ——— 32

빈자리 ——— 34

어디쯤 부서진다 ——— 36

가벼운 마음 ——— 38

제2부

풀잎이 우리가 될 때 ──── 42
지나갑니다 ──── 44
안경 ──── 46
시간을 키운다고 했는데 ──── 48
시선 ──── 50
퍼즐 ──── 52
새, 아이 ──── 54
빠른 길 ──── 56
아바타 ──── 58
소리 ──── 60
망초꽃 ──── 63
요즘 ──── 64
4월 ──── 66
기시감 ──── 68
저녁을 넣다 ──── 70

제3부

붕새와 소녀 ——— 74
도서관 ——— 75
만우절 ——— 78
팔레트 스테레오 ——— 80
궁금해서요 ——— 82
그림자 ——— 84
다행히 너는 아직은 ——— 86
오늘의 맛 ——— 88
그 동네 ——— 90
아귀 ——— 92
간격 ——— 94
손을 뻗다 ——— 96
끝물 햇살 ——— 98
작은 죽음 ——— 100

제4부

동부이촌동 ──── 102
짧은 스파크 ──── 104
방지턱 ──── 106
라스트 콘서트 ──── 108
자리 ──── 110
은사시나무 ──── 112
천사의 말 ──── 114
아는 사이 ──── 116
자식 ──── 118
문주란 ──── 120
못자리 ──── 122
VR ──── 124
HTTP 상태코드 404 ──── 126
비 오는 날의 연습 ──── 128

▨ 이희경의 시세계 | 황치복 ──── 130

제1부

길 잃은 이들을 위한 노래

낡은 지도에는 없는
옛길을 따라 걷는다

토끼가 뚫어놓은 구멍마다
숨겨둔 웃음소리가 새어 나온다

엎어진 나침반은
북쪽을 잊고
돌멩이처럼 눕는다

길을 잃은 손바닥 위로
구겨진 별 하나 떨어진다

그래, 모르는 채로 가자
틀린 시간, 비어 있는 방향으로

무릎이 닳고 신발이 벗겨질 때까지
우리는 조금 틀린 노래를 불렀다

조용한 식물

집 앞 작은 텃밭에
깻잎 몇 줄 심어두었습니다
큰 기대는 없었습니다
잘 자라면 다행이고
말없이 사라져도 괜찮은 정도의 마음으로

햇빛은 골고루 내리고
비는 가끔씩, 너무 늦지 않게 왔습니다

며칠 뒤, 한 뼘을 훌쩍 넘는 키를 자랑하며
줄기와 잎이 고개를 들고 있었습니다
이름을 불러준 적도 없는데

도시는 여전히 바쁘고
나는 요즘 조용한 식물 하나를 알아갑니다

무언가를 잘 돌본다는 건
내가 나를 덜 다그치는 일과 닮아 있습니다
누군가를 부르지 않고도

누군가에게 묻지 않고도

햇살을 감지하는 일

물기를 기억하는 일

그저 잘 있는 것, 그걸 알게 되는 오후입니다

비는 어디로 가나

창틀에 고여 있기도 해
누가 부른 적도 없는 이름이야

잠든 창백한 나방처럼
햇빛을 비껴 흐르는 것

골목에 남긴 웅덩이 자국은
오래전에 흘러간 노래를 닮았지

만약 오늘 그 이름을 부른다면
물에 잠긴 새벽에 빠질지 몰라

슬리퍼 한 짝, 엎질러진 우유
그리고 젖어버린 기도문까지

비는
어디로 가나
누구를 남기나

우리는 끝내 닿지 못하고
젖은 손끝만 바라본다

흐릿한 경계

구름을 따라 걷다 보면
뒷걸음질 치는 그림자가 있어
그림자는 늘 뒤쫓지만
어디로 가는지 묻지 않아도 돼

발끝에 묻은 별들은
영원히 닿을 수 없을 거야
바람에 실려 먼 곳으로 간다 해도
우리는 여전히 여기 있을 테니

작은 새가 하늘을 흔들면
기억은 길을 잃는다
누가 그 길을 묻겠어?

하늘에 떨어진 별을 줍지 말라 했지
어차피 다시 떨어질 것이니까

다시 시작할 수 있다고 말해도
이미 지나간 일들만 남고

주머니를 뒤집으면
내일은 오늘이 되고
아무도 모르는 길을
걷고 있어

하이힐의 재발견

내 상상이 7cm 하이힐 위에 있습니다
또각또각 소리를 내며
문장 위를 걸어갑니다

어제 만든 문장이 어둠에
잠겨 있습니다
일관성을 유지하기 위해
하이힐은 당황하지 않습니다

이미지만 그려지는 문장 속에 당신이 웅크리고 있습니다
이곳저곳이 허술합니다

처음이 그랬듯 설렘이란 단어 앞에 멈추어 섰습니다
어제의 당신과는 마음들끼리 서로
부둥켜안았던 것을 기억해 냅니다

첫 번째 줄을 지나 두 번째 줄,
세 번째 줄에서 머물렀던
당신은 고개 들어 더 먼 곳을 부르고 더 먼 곳으로 내려가

상상의 덧줄을 밟고 있을 때

발바닥에 불을 피우며 도에서 레
미에서 파 조금 더 올라가 솔까지 따라가
주저앉아 멀어지는 발자국을 상상합니다

아침이 오면 상상이 무엇인지 기억이나 하겠습니까

분명 내가 알 수 있는 소리였는데
또각또각
나의 문장들이
찍히지 않은 발자국을 내며 걸어간 것만 같습니다

발의 애증을 자꾸 집질립니다
하이힐에서 하이를 떼어
명랑해지고 싶습니다

연기 緣起

길을 걷다가 앞에 가는 사람과 친구가 될 수 있을까 생각했어 보폭을 맞추며 걷는데 얼마 동안 길의 방향이 한쪽이라서 서로에게 좁혀지는 거리만큼 공유할 것이 많을 것 같았어

너는 잘 웃었는데 네 안에서 밖으로 튕겨 나온 것들은 사방에 즐비한데 어디까지 갈 거니? 다가가 말을 걸려고 했어 뭔가 말을 하고 싶은데 말이 나오지 않았어 낯선 뒷모습에게 다정한 앞모습을 내밀 수밖에 없었지

쾅! 하고 차가 부딪치는 소리가 났어 날카로움이 온몸으로 들어왔어 가끔 연습 없이 찾아오는 불행들 부딪히는 소리만 요란할 뿐 차에 치여 날아간 사람은 없었어 나를 그들 속에 껴들게 하는 매듭을 풀지 못한 장면들만 다시 붙들고 있었어

다시 걷기 시작했는데,

너의 발자국에 내 발자국을 얹으면 단발머리와 청바지에

흰 티를 입고 굽 높은 구두를 신고 걷고 있을 삼십 대 초반 쯤 된 내 친구에게 발이 아플 것 같아 라는 눈빛으로 지친 발을 쉬게 해주고, 너무 걷게 해서 미안해 라고 말해주고 싶었어

너 아닌 너로 보는 잠깐의 착각이 서로를 지나치는 순간에 얼마큼 집중할 수 있는가에 대해서 몽타주를 그리라면 그려낼 수 있을 것 같았어

앞에 사고가 났을 때 차에서 내린 두 사람은 어떤 옷을 입었더라?

기억의 길이 하나인 줄 알았는데 자꾸 다른 길이 생겨나고 이 장면에 방향이 바뀌고 너여서 생긴 멀어지는 연민에 대해 물어볼 것이 그대로 남겨지고

차가 저렇게 많이 지나가는데 지금 나와 함께 스치고 있는 것들은 다 어디서 내게 오고 또 어디로 갈까 저 차들 가운데 나와 언젠가는 만날 수 있을 너와 또 어디에서 눈빛을 주고받을 너가 즐비한데

어디쯤 도착해 있는 건가 두리번거렸지

수면 아래

물속으로 집이 가라앉는다
등불이 비늘처럼 벗겨진다

기억은 무릎까지 잠겨
물푸레나무들은 더 이상 뿌리를 기억하지 못한다

먼 데서 울던 종소리도 스러져
비어 있는 항아리처럼 남는다

한 번도 도착한 적 없는 배가
녹슨 쇠머리를 밀며 지나간다

손끝에 쥐었던 이름들은
한 톨씩 흘러내린다

나는 아직 저 수면을 밀고 들어간다

시마

끝까지 읽다가 마지막 페이지를 넘기다가 문득 이거 읽은 책이네, 뒤늦게 감지한다

그 책의 첫 페이지를 펴보니 마주친 이름
내 마음속 은밀히 자란 나무의 뿌리 같은 시인

처음부터 다시 페이지를 넘기다 잠이 들고 말았는데
시를 읽고 난 다음의 꿈은
내가 쓰고 싶은 이야기로 술술 넘어가고
내용을 눈에 머리에 마음에 묶어 두려고 애를 쓰는데
내 코 고는 소리에 깨어보니 금방이라도 딸려 나왔을 그 시인의 다음 페이지

.

문득 어저께쯤 쓰다만 낯선 단어들을 모아 한 문장 만들고 한 연을 만들고 나니 나도 모르게 낯선 생각들이 떠오른다
이것은 모방일까
모방의 모방일까
시인의 문장의 떨림이 나에게 전해진 나비효과일까

다시 다음 페이지를 넘긴다

그녀의 글들이 튕겨 나온다

마치 밤하늘의 별처럼

내 손끝은 그 별들의 궤적을 따라

흘러가고

흘러가는 자리마다

그녀는 이미 그곳에서 나를 기다리고 있는 것이다

뫼비우스 띠

발끝이 닿는 곳에서 깨어난다
몸이 내는 소리를 따라 하듯
비밀을 나누는 것처럼

이런 날이면
누군가와 함께 있는 듯한 기분이 든다

산책로 모퉁이를 돌아
끝없는 띠 위로 또 한 걸음
그림자가 나를 데려가려 한다
그림자를 따라간다
겹치다가 다시 둘이 된다

저 속에는
어떤 내가 웅크리고 있을까?
검어서 아픈 시간일까

형체만 남아
빛 속에서 온몸으로 나를 바라본다

혼자이지만

결코 혼자가 아닌

그림자 속에 든 나

나라는 사람

그저 그림자의 그림자일까

발걸음을 내디딜 때마다

가까워지다 멀어지다를 반복한다

머그잔

놓치는 순간 알았다
온전한 모습이 아닐 거라는 것을
순간을 놓아버린 손이
파르르 떨고 있다

품어주었던 순간이
뜨거움을 걷어내고
사방으로 흩어져
날 선 살점들로 와 가슴에 박힌다

가만히 내려놓던
가벼운 비밀들이 흘러나온다

손에 온기가
입안에 감도는 커피의 쓴맛이
속 깊은 연인인 듯
기분에 따라 맛에 따라 조금씩 바뀌어 가는

같은 편이었는데

잠시의 위로였는데

잃어버린 그리움을 그러모아 본다
되돌릴 수 없는 것들을 담아 본다

머그컵은 따뜻한 갈색이었다

깨어진 것은 깨어질 때 완성되니까
애쓰지 않아도 돼 이렇게 말하면
떠나가는 방법이 가벼워질까

포커스

셔터를 누르면
휙! 하고 지나가는
낯선 생이 내 안에 들어온다

졸음에 겨운 고양이가 끼어든다
다 말하지 않아도 나와 닮았음을 직관한다
아니다 닮지 않았다
외톨이여도 고양이는 초조해하지 않는다
두려움이 없다
고양이는 잠 속으로 미끄러진다

돌려보고 돌려봐도 내 것이 되지 않는 피사체들
일시 정지 속에 서린
방향이 살아 있다
고양이는 내가 만질 수 없는 순간에 속해 있고
세상은 그 주위로 윙윙거리고

이월된
새 페이지로 넘어가는

로드 픽쳐

멈춤이 비어 있는 것이 아니라서

다시

사람 속을 걷는다

잠이 깬 고양이의 눈에 비친

뒷모습

하루가 이렇게 가기도 한다

창문 밖으로

나무와 길과 아파트와 차들은 서로 다른 종으로 배려합니다 표정 없는 얼굴들에 풍경이 붙들려 있습니다

가장 가까이 있는 나무는 멀리 있는 나무보다 더 많이 흔들거립니다 큰 나무 아래 작은 나무들이 그늘 속 그늘을 만들며 놉니다 나무의 일이 부럽습니다

홀로 있는 집이 섬 같습니다 어떤 질문들이 끊임없이 밀려오고 밀려나갑니다 할 수 있는 일이라고는 사방을 둘러보는 일 안으로는 천장과 벽, 벽에 걸린 그림이, 시곗바늘의 그림자까지 적막을 구성합니다

공기가 열려 있는 창문으로 밀려납니다 밀려나가는 마음이 창문 앞에 멈춥니다 높은 층수도 아닌데 멀미가 납니다 창문을 지우는 일입니다

주방을 힐끔거립니다 설거지를 지우고 양념통과 냅킨을 지우고 앞치마를 벗으면 내가 드러날까요 거울을 봅니다 흐

트러진 머리칼 속에서 매번 낯선 얼굴과 마주합니다 달의 모습이 어제와 다른 얼굴을 가지듯이요 떨어지는 머리카락 한 가닥 후~ 하고 불면 오늘이 이리 가벼워도 되는 건가요

 TV의 검은 화면에 비치는 내가 나를 봅니다 여기에 앉아 있는데 다른 곳 다른 시간들이 열립니다

빈자리

말해줘
빈 공간이 완성되면,

싱크대의 배수구가 삼킨 오래된 대화들
차갑게 거부하는 찻잔의 온기

 벽에 걸렸던 시계는 초점을 멈춰 지나간 시간을 던지고, 서랍을 열면 시간의 미약한 삐걱거림 종이들 펜 문 없는 열쇠, 책장은 텅 빈 칸을 보이며 먼지로 서사를 대신한다 책장 사이에 끼워둔 잊혀진 엽서 한 장, 새빨간 말들

 골목 끝에서 들리던 너의 발소리는 다른 모양으로 돌아오고 그날의 온도를 손끝에서 지우고

 옷걸이에 비뚤어진 코트 한 벌 플라스틱 향기만 남은 립스틱 고장 난 리모컨이 탁자 위에 눕는다 더 이상 채널을 돌릴 필요 없는 이 집의 마지막 화면 커튼을 접는다 어제의 빛을 머금은 비 내리는 아침의 냄새를 종이 상자 속에 접어 넣는다

마지막 상자를 들자 방이 숨을 쉰다 창백한 벽에 부딪히는 한숨, 햇빛 속 먼지가 춤춘다 이 집은 우리의, 혹은 나의, 아니면 누구의 것이었을까

　비우는 것은 없어지는 게 아니라 다른 이름으로 머무는 곳 그리고 나는, 그 이름을 모르고

　문고리마저 손을 놓는다 더 이상 열지 않아도 되는 이곳에서의 끝자락

　말해 줘
　빈 공간이 완성되고 난 후,

　너를 가득 담아놓은 상자 하나 남아 있을까,
　(두고 온 거기)

어디쯤 부서진다

그림자도 없이 걷던 저녁
비밀은
벽에 붙은 먼지처럼 남아 있었다

이름을 부르면 깨질까 봐
입술만
젖혔다

빗물이 쓸고 간
골목 끝
잃어버린 손수건이 젖어 있었다

아무도 찾지 않는 표정으로
바람은
작은 균열을 키웠고

단추 하나,
구겨진 편지 조각
잊힌 것들이

발밑에 흩어졌다

만약,
지금 뒤돌아본다면
우리는 모두
어디쯤에서
부서져 있을지도 몰라

가벼운 마음

창문 안으로 햇살이 후드득 쏟아졌어요

바닥에 떨어진 햇살 조각들
손바닥으로 받아서 주머니에 넣었어요

꽃잎이 떨어진 화분에
조각 한 줌 뿌리니
잎끝이 살며시 고개를 드네요

성당 앞에선
젊은이의 두 손 모은 어깨 위에

학교 앞에선 죽은 병아리를 보며
눈물 흘리고 있는
아이의 머리 위에

골목길을 지나며 마을 안녕 지키는
나무의 마른 가지 위에

가로등 아래 낡은 벤치 위에
주머니 속 햇살을 꺼내 살짝 뿌리니
굽은 노인의 허리가 펴졌어요

내려놓으라고
생살이 돋듯 아픈 자리 아물라고
가볍게 하루를 들어 올리라고
톡톡톡 살며시 뿌렸어요

주머니 속 햇살 한 줌
마음속에 바람 한 점

다 퍼준 줄 알았더니 남은 햇살 몇 조각
주머니가 붉어졌어요

제2부

풀잎이 우리가 될 때

바람이 지나간 자리마다
살랑이는 풀잎
그들은 아무 말도 남기지 않지만,
우리는 그 움직임을 기억하며
숨겨진 말을 짐작하려 하지

구름은 흘러가며 그림자를 떨구고
그림자는 땅 위에서
한낮의 서늘함을 속삭이고
태양을 쫓는 잔상으로
짧게 지워지고 있지만,

풀들이 가진 아량은 초록빛이어서
어둡게 흔들릴 이유 따위는 없었어

눈길 속에 짧은 망설임
우리가 말하지 못했던 순간들이
아직 이 공기 속에 떠다니는데

그리고 나는 너와 걷던 길에서
풀잎들이 흔들렸던 리듬을
가만히 들여다보곤 해

바람은 그저 흔드는 것으로 스치고
풀잎에 이미
너무 많은 것들이 암시되어 있어
우리는 우리만의 음보가 될 수 있었지

저녁이 성큼성큼 걸어와
풀잎의 숨소리가 낮게 깔려도
두렵지 않았지

지나갑니다

  공원은 오늘도 살아 있습니다 사람들이 지나가고, 개들이 보이지 않는 것을 쫓고, 웃음소리가 미풍을 타고 떠다닙니다 하지만 나는 지켜보기만 합니다 다른 누군가가 공원 속 정물이 되어 있어요 눈이 마주치면 눈인사라도 할까요?

  구름의 그 느린 흐름은 하늘에서 이상하고 몽환적인 형태로 변하고, 내가 완전히 파악하기도 전에 저만치 물러납니다. 구름은 새가 나는 것과 같은 방식으로 미끄러지지만, 새들은 좀 더 신중하게 느껴지는 방식으로 날아가며, 변화하고, 춤을 춥니다 나는 공기를 가르는 새의 측면 방향을 연구하고, 새가 가진 날개의 효율성을 연구합니다 그들은 나보다 자신에 대해 더 삶을 확신합니다 목적으로 가득 차 있어요

  사람이 아닌 것들, 즉 벌레, 새, 구름을 생각하면 생각이 맑아집니다 덤불 사이로 구불구불 흐르는 시냇물처럼 인간의 손길을 거치지 않아도 투명하게 흘러갑니다
  지나갑니다

카메라가 정말 좋은 순간을 포착한 걸까요? 아니면 그것은 먹먹함 속에서 하나의 찰나의 순간이었을까요 항상 망설임이 있고 항상 멈춤이 있습니다 마치 앞으로 도약하고 결정하려는 충동과 가만히 있으려는 조용하고 저항할 수 없는 끌림 사이에 갇힌 무언가의 문턱에 서 있는 것과 같습니다 찍혀진 것은 숨을 쉬지 않습니다 영원할 것처럼, 나무처럼 생명으로 가득 차 있지만 뿌리를 내려 움직이지 않습니다 다만 정지된 것 안에서

 구름이 움직이고, 새가 스쳐갑니다 그리고 나는 그 모든 것의 일부이면서 동시에 그것으로부터 떨어져 앉아 있습니다

안경

　창이 열리면 세상이 또렷해진다 흐릿했던 얼굴들, 알아챌 수 없던 표정들, 그 안에 숨겨진 이야기가 숨을 쉬기 시작한다 나뭇결, 돌멩이의 주름, 사람들의 눈썹 끝에 맺힌 미세한 떨림까지 감지한다

　길고양이는 길거리를 떠도는 이야기를 전하고 흩날리는 낙엽은 허공을 맴돌다 한순간 작은 새 떼가 되어 날아오르고 비 오는 날 유리에 맺힌 빗방울들은 떨어지면서도 작은 우주를 머금는다

　누군가는 붉은 하트를 날리고 누군가는 하얀 구름 위를 걷는다 홀로 선 소년의 머리 위엔 초록 싹이 자라고 어느 노인의 창가엔 바닷가의 여름이 출렁이고 속삭이는 연인들은 마주 볼 때마다 금빛 나비들이 서로의 입술을 오간다

　꺼질 듯 깜박이는 네온사인 같은 생각들 서로 얽혀 길을 잃은 바람들 불현듯 터져 나오는 독백 같은 눈물은 안경 너머로도 선명히 비친다

내게 상처를 보여줄 때마다 조금씩 드러나고 있는 아픔 앞에서 여전히 흐릿하다 너는 안경을 고쳐 쓰지만 나는, 안갯속에서 너를 잃을까 두려워한다

불안이 스며든 렌즈를 닦아낼 때 불안도 함께 씻겨 내려간다 그럴 때마다, 너의 마음은 조금씩 밝아진다

시간을 키운다고 했는데

아침에,
거울 속에서 손톱을 깎고,
어디서 뚝 떨어질지 모르는 초콜릿
한 조각을 쥐고 있어요

하나 있는 화분에 물을 줬어요

TV에선 세상에서 가장 지루한 사람들이
미래를 창밖으로 던지고 있어요

전화벨이 멎었는데
받지 않아서 손끝에 매달려 있어요

옷장 속 철 지난 옷
접힌 자국은 그대로예요

서랍 구석에서 발견한 열쇠, 열릴 곳이 없어요
젖은 우산은 현관 구석에 오래 서 있어요

냉장고 안 텅 빈 칸은 말없이 누군가를 기다려요

정해지지 않은 미래와
정해진 과거가 엉켜 있어요

달력 속 숫자들이
검은색이 싫어
흩어지나 봐요

거울 속에 검은빛이 가득 찼어요

시선

잎이 떨어진다

발밑에 깔린 어둠이
몸을 감싸기 전에 날 수 있기를 바라지만

그건 바람의 소관

미련 없이 떨어지는
저 무한한 추락
중력이 예의를 차려 손을 뻗는다

포개지는 잎들,
낯선 공기의 바닥 냄새
어둠이 말을 아낀다

로드킬 당한 고양이가
낙엽을 보고 있다
닫히지 않는 눈동자

두려움은 오래전 닳아버린 걸까
아니면
오랫동안
이 길 위에 누워 있었던 걸까

마지막 순간에 각인된 물음들
그 눈 속에 고여
바람이 맴돈다

이불처럼 부의 봉투처럼
잎들은 그의 몸을 덮어간다

퍼즐

1
현관 앞에서 기다리고 있는 네모난 상자들
꾸러미와 꾸러미
무언의 유대감
밖에 나가지 않고도
바깥과 연결된다

2
아이가 퍼즐 놀이를 한다
흩어진 조각들이 하나가 되는 여행
둘이라도 괜찮아 셋이라도 괜찮아 혼자서도 잘하지
일찍 혼자가 되는 연습을 하는 아이
자 오늘은 양치기 소년이 사는 마을로 떠나볼까
조각들이 내딛는 발걸음마다
산이 솟아나고 새들이 날고 양들이 쏟아져나온다
양 한 마리가 무리에서 빠져나와 숲속을 거닐고 있다
몸보다 큰 입을 가진 늑대가 나타난다
네모난 판에 감도는 그만큼의 상상
아이는 울지 않는다

마지막 퍼즐 하나를 채우고
곧바로 판을 흩트린다
수없이 바뀌는 풍경들 공간들 이야기들이 있어도
점점 완성되는 속도가 빨라져도
유치원에 끝까지 홀로 남아 있는 아이

3
택배 옷을 입은 아빠가 왔다
손에는 상자가 없다
아이가 퍼즐을 무너뜨리고 달려 나온다
아빠가 가볍게 끌어안아 올린다

새, 아이

보았어

창이 가까운 나뭇가지 위에 앉아
방심하고 앉아 있는
너를 보고 있었어

마주쳤을 때
순간 작은 몸을 부풀리듯
숨을 들이마시고 있었어

넌 유리창에 갇힌 아이

어떻게 하나의 시선에 집중할 수 있는지
시선에 붙들려 너는,
꼼짝하지 못했어

넌 누구야 나를 아는 거야?
묻고 싶었지만
아이는 파닥이지 않았어

— 재깍, 재깍, 재깍?

깃털같이 아이 숨소리가 떨렸어
너도 새가 되고 싶구나
당황했지만 의심할 틈도 없었어

그리 멀지 않은 곳에서
햇살이 쨍하게 눈으로 들어왔는데
아이는 손을 들어 눈을 가렸어

그저 그것밖에는
그뿐이었지

창문은 끝내 열리지 않았어

빠른 길

사는 곳에서 때로는 길을 잃는다
낯선 곳이 언제나 미로 같다
찾았니?

세 갈래 길에서 느낌 하나를 따라간다
느낌을 따라간다는 것은 행운이 아니라 더 불안한 미래야
이상한 건 비슷비슷한 풍경들이 펼쳐 있더라고
천 원이 20억이 될 수 있을까?
기도하는 마음이 주머니 속에서 흔들린다

찾았니?

천변에 나가면 여름의 행운이 온통 내 손에 잡히지
그것만큼은 자신 있어
지나가는 사람들에게도 나누어 줄 수 있다

그런데 왜 다른 길로 이어지는 길은 보이지 않는 걸까?
아직도 시도해 보지 못한 길이 이렇게도 많은데
지름길 옆에 두고

늘 가던 길이 돌아가는 길이라고?
익숙하잖아 그게 문제야

얼마큼 헤맸는지는
생략하려고

아바타

처음부터 낯선 감정
낯선 길이라 좋았어

내게 내민 것은 어제의 말이었고
'너'라고 부르면 너는 무수하게
쏟아져 나올 것만 같았는데

오늘의 말은 어제와 달라서
행간마다 잘못 읽은 네가 즐비해
느낀 적 없던 다정과 다감을 내미는데
왜 내가 나에게 거짓인 것만 같을까

몰려오는 텅 빈 바람은 무얼까
묻혀버린 어제의 말들이 떠올라
굳이 말하자면 너무 달콤해

너와 나 사이에
아무것도 아닌 것들이
아무것도 아닌 낯익은 것으로

표정은 숨어버리고
엉뚱한 시간 속으로 들어가 두리번거리면
고개를 끄덕거리다 말고
다시 허공으로 떨어지는, 너는

내 것이 아니었나 봐
왜 그랬어,
(왜 그랬을까)
말하자면 아직 나는 순진해

소리

누가 뛰고 있나
보일러 돌아가는 소리?
빨래 돌아가는 소리일지도 몰라
아이가 게임하는 소린가(어른일지도 모르지)
부부가 말다툼하는 소리는 아냐

이 아파트에서는 밤에
길고양이 울음소리를 들을 수 없어

창문을 열어
밤의 비밀인 듯 작은
발자국 소리를 찾는다

비가 오나 봐
숨소리는
밝아지는 귀만 들여다보고

고양이 말야, 어제 본 고양이
눈치만 보며 슬금슬금 훔쳐보며

웅크린 채로 귀를 세웠지
한 번쯤 야아옹! 하고 소리를 낼 만도 한데
그럼 야아옹! 하고 대답해 줄 텐데

계속 벽에 귀를 댄 채
너의 소리를 찾으려다
결국 내 숨소리만 들었어

너의 말은 어디에 섞여 있니?
누가 먼저 소리를 낼까
기다리다 다리가 저려
다리를 쭉 뻗었어
앞발처럼 팔도 따라 뻗다가
쿡! 웃음이 나왔어

목소리는 벽에 스며들어
귀가 자꾸 무거워져

너와 같은 자세로

흉내 내는 일만 남았어

야아옹!

망초꽃

집을 헐고 비워 둔 자리에
이름 모를 풀들이
한 계절을 살고 갈
하얀 꽃 정원을 만들어 놓았다

하필이면 거기에
라고 말하지 마라

바람에 비에 쓸려 혹은
누군가 밟고 가는 밭길에 묻혀
흙 속 어딘가에 씨앗으로 숨어 있다
내 자린가 싶어
온 힘을 다해 나의 몸을 터트렸다

요즘

스크린을 앞에 두고
손가락을 뻗는다
가벼운 스와이프
얇고 유려한 선을 타고
매력적인 미소
조명이 비친 얼굴이 나타난다

손끝으로 흘러가는 얼굴들
왼쪽으로, 오른쪽으로,
운명의 무게는 손가락 하나로 결정된다

이름도 모르고, 향기도 모르며
좋아요 하나로 쌓아 올린 탑
그 위에서 우리는 서로를 찾아,
화면 너머의 진실을 꿈꾼다

"너는 누구니?"
메시지창에 적힌 그 질문은
새벽의 파도처럼 닿았다가 사라지고,

읽음 표시조차 없이 사라진 인연들

움켜쥘 수 없는 신호로 이루어진 불빛,
서로를 잇는 투명한 전파 속에서

그러나 가끔,
그 작은 화면 속에서도
심장이 뛰는 순간은 온다
마치 먼지 속 보석처럼,
잃어버린 고동이
다시금 살아나듯

릴을 감았다 풀었다
서로를 향해
천천히 확실히
끌어당긴다

4월

떨어지는 벚꽃잎이
손가락 끝에 내려앉는다

그것은 마치 오래된 음악처럼
나무의 귓속말이었다가
바람의 손길이었다가
길 위의 눈물이었다가
다시 올 것이다 약속하는 시간이었다가

잊힌 약속의 작은 조각들 내려와
꽃잎
꽃잎
꽃잎으로

벚꽃의 색은 희고
늘 스스로의 색으로
말하지 못한 약속을 품고
우리를 알아차리지 못하고 떨어져

황홀하다 그러다 울음이 터져 나오지
그렇게 한 번 울리고 나면, 나는
자신의 색을 잃은 눈으로 꽃의 의미를 본다

어디선가 차가운 바람이
글자 하나를 가져온다
봄!

기시감

그날 나는 호수에 갔었죠
늦은 오후라 걷는 것을 포기하고
카페에 앉아 차를 마시기로 했어요

창가에서 내려다보이는 호수
땅거미 내려앉은 수면 위로 산들이
내려와 있었죠

아름다움에 대해 생각하고 있었는데
나를 끌어당기고 있는
힘이 느껴지는 거예요

그때였어요
호수 속에서 무언가 툭! 하고 튀어나오는 거예요
눈을 감았죠
눈을 뜨려는데 이번엔
창문으로 커다란 검은 물체가 확 덮치고 있지 않겠어요

눈을 뜰 수가 없었죠 무엇이었을까요

증명할 수는 없었지만요
알 수 없는 밤의 기운이 나를 누르고 있었죠

당신이 그때 붙잡고 있던 내 손을 놓았어요
두려워하지 마
천천히 멀어질게

그날 당신과 나는 무엇을 공유하였을까요

커피 향이 감은 눈으로 들어왔어요
환영이 커피 향과 섞이고 있었죠

저녁을 넣다

골목 끝 벽돌 담장이 붉게 물드는 사이

가게 셔터가 내려지고
개 짖는 소리는 저 멀리 스러져요

낮에 남겨둔 햇살 대신
노을빛을 조심스레 주머니에
접어 넣으면

새로 일어난 저녁의 감정들이
붉은 띠를 두르고 아롱아롱거려요

버스 정류장 의자에 앉은 소녀에게 다가가
주머니 속 빛으로 살짝 덮어줬어요
그 아이는 하품처럼 웃었어요

버스는 저녁이 사라지기 전에 도착할 거예요
혼자 있는 저녁은
무섭거나 외롭거나 고독하니까요

아직 빛이 조금 남았을 때
길고양이도 슬쩍 쓰다듬어 주었어요

소녀도, 고양이도, 나도
끝까지 함께할 수 없지만

잠시, 저녁의 슬하에 있는 기분이었어요

제3부

붕새와 소녀

　강남역 지하상가에 가면 날개붕어빵 파는 집이 있대 붕어빵은 자기가 사는 세상이 좁아서 갑갑해했는데 가출한 소녀가 천 원을 내고 사 갔대 세상 밖으로 나온 붕어는 바람이 불어오는 걸 느낄 때마다 날개가 자라 새가 되었대 얼마나 컸냐면 빌딩들에 막혀 날개를 펴지 못해 숨쉬기조차 힘이 들 정도였대 몸을 웅크린 채 물속도, 드넓은 창공도 아닌 애매한 세계에 머물 수밖에 없었대 어느 날 바람이 강하게 몰아칠 때 조금씩 조금씩 날개를 저을 수가 있었대 바람이 벌떡 일어나 그 큰 새를 높은 하늘로 올려주었을 때 그가 펼친 날개는 점점 더 커져 한 번 날갯짓에 구만리를 날았대 그가 지나는 곳에서는 그늘이 몇 밤을 드리웠대

　새는
어디쯤에서 소녀를 찾고 있을까

　배고픈 소녀는 붕어빵에서 날개를 떼어 입에 넣었대 바람은 멈추었고 어두워진 상점에서 하나둘 불빛들이 켜지고 있었는데 소녀는 불빛 속에서 새의 깃털을 보았대 잘린 날개를 손가락 날개로 고쳐 달고 불빛에 섞인 바람 소리를 부르러 팔랑거리고 있었대

도서관

내가 펼친 책은 하나의 모루
선명하고 날카롭고 깨끗한 울림들
뜨거운 열기 속에서 질문이 구부러지고,
비틀어져 새로운 것을 만들어 냅니다

두드릴 때마다 페이지들은 숨을 쉬고
광채의 순간이고
그것들은 나에게 생겨난 만큼만 가득 찹니다
얼마나 깨지기 쉬운지,
뒤로 휘어져 빠져나간 시간들을 일으켜 세워봅니다

일부는 녹은 금속처럼 흘러내리고
일부는 공중에 불꽃처럼 맴돌기도 합니다

두꺼운 부피를 가지고 내 기억의 복도를 통해
메아리치고 있는
늙은 파수꾼*을 만났습니다

나는 몇 생애 동안 그와 마주쳤을까요

그가 지키는 문지방을 넘은 적이 있나요

모든 타격이 여기에 머물고 말았습니다

오랫동안 봉인되었다

서서히 속삭이던 단어들이 다시 파업을 선언합니다

페이지 글자들 졸음의 손아귀에 잡혀

남은 페이지가 관 뚜껑을 열고

어두운 그림자를 쏟아냅니다

모극矛戟이 머리를 내리칠 때마다

눈꺼풀이 더 무거워지고 말았습니다

얼마나 더 파업을 할 것인지

홀로 넘어갈 줄 아는 책장

읽지 않은 페이지를 끌어당겨

그 사이로

희미한 맥박이 휘저어지기를 기다릴 겁니다

표류하고 있는 파수꾼을 위조하는 데는

모든 타격이 그 속에 공명한다고 속삭입니다

* 예이츠, 『The Collected Poems of W. B. Yeats』.

만우절

거짓말처럼 그가 돌아온다

네가 사랑하는 것을 나도 사랑해 네가 그리워하는 것을 나도 그리워해 네가 슬퍼하는 것을 나도 슬퍼해 우리는 어떤 감정선이 연결되어 있어
얼굴이 붉어진 채로 그에게 쓸쓸한 뒷말을 남긴다
그날은 유쾌한 거짓말이 가득했던 하루였다
저물 무렵 결핍과 집착이 그를 유리창 안에 가두어 두었던 날,
그는 그로부터 벗어났다

이제 나의 것도 그의 것도 아닌 열병만이 남아
연약한 내 기억의 지반을 무너뜨린다
죽기 전에 위로와 공감만이 있었는데
지금은 슬픔과 그리움뿐이다

사랑이란 단어는 사라지고
죽음이란 단어만이 가득하다

우리는 기억을 쓰고 읽고 읊조린다
언제든 펼쳐서 첫 장부터 다시 읽어 나간다

사람은 나 자신으로 살지 못할 때 자꾸 아프다
그가 소환된다
4월 1일 해피 투게더!

* 장국영(1956.9.16. 생―2003.4.1. 졸)

팔레트 스테레오

길을 걷는데
휴대폰의 녹음기가 켜져 있다
웅성빵삐빅바스락쿵쾅랄라
소음이 어지럽게 팔레트 위에 떨어진다

단 하나의 음색을 찾아서
귀를 쫑긋 세운다
낮은 데시벨 소리
대충 하자~

그녀 옆에서 걷던 그가
대충이라는 말로
이별을 위로하려고 했다

대충은 어떤 색깔일까?
회색?
연한 라벤더 색이 어울릴 것 같다
어떤 말들은 귓속에서 나가지 않고 중얼거려진다
중얼거리고 있는 말이 점점 더 부풀어 오르다가

소음으로 터져 나부낀다

어색한 침묵이 걸어간다
지난 슬픔이 더 섬세하게 선명하게 아픈 시늉을 한다
다른 생각 다른 이야기에 정신을 쏟으며
이별을 잘해보자 말하지 않았다

지나버린 것들, 끝난 것들, 그리고 돌아오지 않는 것들
빨간색 파란색 검은색 흰색
이리저리 뒤섞고 다니다가
꼬리를 늘어뜨리고
팔레트 위에 납작 엎드린다
하루의 숨소리
그의 목소리가 끊임없이 재생된다
떨림이 없고 울림도 없는 목소리
그 속에서 그녀가 쓸쓸하게
쓸쓸하게 웃는다

궁금해서요

 거울이 있어요 앞에 서면 보게 됩니다 관계가 형성되어 '너'라고 부르게 되면 2인칭이 될까요 돌아서면 3인칭으로 바뀔까요

 그렇게 생각하니 선풍기 탁상시계 노트북 책 안경이 모두 인칭을 갖고 있어요 인칭을 갖는 물건들이 각자의 목소리를 내고 있을 때는 들어보세요 힘이 필요할 때 리필해 주세요 이 문장이, 시간이 흐르고 있어요 이 문장이, 나를 계속 지켜봐 주세요 이 문장이 나의 시를 응원합니다 그런데 사물들에게 나는 몇 인칭일까요

 당신이란 말, 2인칭인 줄 알아 당신을 부르면 2인칭으로만 지나가는데 당신은 처음부터 나를 3인칭으로 보고 있었어요 2인칭에서 살냄새가 나는데 3인칭에선 아무 냄새가 나지 않았어요 가진 적 없는 것들을 잃을 수가 있나요 기억이 지워진 기억들은 더 선명하게 아름다워지는 일이에요 오늘이 영원이 아니라서요

 거울이 나에게 1인칭을 부여하면 1인칭이 되나요 복사된

내가 거기 있거든요 거울 하나만 더 있으면 내가요 무한정
쏟아져 나오거든요
  0.9 0.8 0.7……
  인칭일까요? 점점 더 작아지고 있거든요

그림자

그림자가 사라졌어 놀랄 필요는 없어
가끔 사라지기도 해
어디로 갔는데?
등 뒤를 빠져나갔잖아
무조건 따라다닌다고 생각하지 마
그림자들이 모이는 술집에 갔겠지
주인 대신 취하고 싶을 때 술집에 모여
시간을 보내게 되지
서로 한탄이나 하소연을 하면서
시커먼 속을 보여주겠지
시커먼데 숨기는 게 하나도 없어
가끔은
불빛을 막아선 거대한 빌딩을 타고
올라 하늘을 걸어가
어둠에 손을 뻗어 달에게 닿아 보려고

길어진 제 그림자
비틀비틀 걸어갈 때도
단 하나의 태도

때론 울기만 하는 그림자도 있지

주인은 그것도 모르고 잠을 자
아침에 일어나 기지개를 켤 때
슬쩍 등 뒤에 다시 달라붙는다는 걸 모르지
주인이 개운한 표정이면
그 사람만 빼고
그림자들은 다 알고 있지
밤새 그림자 하나가
오랫동안 묵혀둔 체증을
저 혼자 다 들어냈다는 것을

다행히 너는 아직은

어떤 사랑은 절대 배신하지 않는다
잠시 잊어버린 만큼
시든 네가 나를 기다렸던 만큼
잊고 있어도 숨 쉴 수 있을 만큼 그만큼
물을 주어야 하는데

화분이 죽음을 키우고 있었다

밖으로 내다 놓은 채
또다시 잊어버렸다
비가 오고
태양이 쏟아졌다

어느 날
붉은 얼굴이 선연하게 올라와 있었다
잊고 산 시간 저편의 안부를 묻다가
기억과 망각이 교차되다가
유전자의 내밀한 표정을 읽는다

아픔을 쓰다듬어 품어주었던 흙이,
강력한 의지를 가지고
망각 속에서
네 보금자리를 만들었나보다

화분에서
화단으로 사랑초를 옮겨 심었다
내가 할 수 있는 일이었다

오늘의 맛

새벽의 궁금함이 카레여서
손끝에 적힌 재료 목록이 눈을 감아도 찾아온다
미각의 촉수는 액정 화면을 빠져나와 혀에 붙고
감자 양파 당근 고기 버섯 카레 가루가 섞인다
순서를 가지고 넣었지만 순서 없이 흩어진다

그럴 때가 있다
책을 앞 페이지부터 읽었지만
자극적인 부분만 떠오르는

팔짱을 끼고 손을 잡고 허리를 감싸고
각자의 색깔, 모서리가
냄비 속에서
서로를 만나 천천히 녹아들었다
달콤함을 부드러움을 강렬한 향신료 같은 말들까지
어울리지 않을 것 같은 순간조차
연애의 순서라서 뜨겁게 끓었던 것들
시작과 과정과 헤어짐이
결국은 하나의 이미지로 수렴된다

삐걱거리는 냄비 속에서

끓어오른다

오랫동안 머문 기억들이

스며들어 있는데

카레는 어제보다 오늘이 맛있는 거 알지*

* 이태원에 가면 '어제의카레'라는 가게가 있는데, 아는 사람만 찾아간다는 간판이 없는(입간판이 있긴 하다) 집이다. 메뉴는 딱 하나, 카레!

그 동네

9번 출구로 나오면 집으로 가는 길이 참 많았거든요
내가 다니는 길은 불과 몇 개밖에 안 되었어요

하나의 길을 그려요
거기에 생의 절반을 두고 왔거든요
많이 아팠구나 슬픈 시간만 빼곡히 적혀 있는 낙서
마음 밖에서 마음 안으로 흔들어대던 것들은
술래가 찾지 않아도 쏟아져 나와요
왜 그곳의 길을 다 보지 못했을까요
끝까지 쥐고 싶었던 것들, 오차를 줄이는 일이라 항상 허기졌는데
 이곳이 순식간에 저곳으로 바뀌었어요
 마당 안 단풍잎들이 바스락거려요
 지나가다 들려오는 음악에 한쪽 귀만 열고, 옅어져 사라지는 순간까지 놓치기 싫었던 멜로디,
 여전히 거기 있어요 잠시 나를 거기에 내려놓아요
 지워지는 게 사는 일이에요

 그렇지만 다시 읽고 싶은 곳이 있다면 아마 거기에 있을

거예요

이제, 7호선을 타고 집에 갈 수 없어요

아귀

가까이서 보면

그로테스크한 이물이고

멀리서 보면 배고픈 유령이다

입이 몸의 전부인 양

세상의 것들을 모두 삼켜버릴 듯이

아가리를 벌려

사나운 이빨을 드러내며

먹는 자 먹히는 자

한바탕 마당패의 공연처럼 시끄러운데

아무런 이유를 대지 못하고

그물에 걸려들고 말았다

하늘에서 보면

도시가 거대한 입이다

들어가는 족족 삼켜버린다

배를 가르면

영원히 갇혀버려 지속할 수 없는

도망간 물고기의 비늘과 오징어 잔해

게의 발톱과 새우의 껍질 자기를 닮은 얼굴이 드러난다

민낯으로 살아가는 사람들
소음과 불빛이 눈을 멀게 해도
거부할 수 없는 미끼를 물지 않으면 이길 용기도 없이
아귀다툼만 한다

허기는 입을 다물지 못하게 하고
햇살은 눈동자 속으로 들어와
꾸벅꾸벅 말라가는 울음
목이 마르다
파도 소리를 따라가면
돌아갈 수 있을까

간격

약속 시간보다 일찍 서둘렀는데
앞의 어디쯤 보이지 않는 곳에서 일어난
차의 충돌이 길을 마비시킨다
여유가 허둥댄다

얼룩덜룩한 표정

불쑥불쑥 내뱉어진 말들이
유리에 비친 햇빛처럼 속이 빈 채
먼저 가 있고
건너가기도 하고
달아나기도 한다

정체가 풀린 차들이 일정한 거리를 두다가
신호로 다시 멈춘다

돌아갈 수 없는 길에서
우리의 대화는 실패했다
헤어지는 말과 만나는 말 사이에서 고립된다

이제 우리의 만남은 무사할까
어느 쪽에도 다다를 수 없다

거리의 보이지 않는 먼지들은
유리창 너머
어딘가로 흩어지고
차들은 그림자처럼 스쳐 지나간다

회색 바다에 떨어진
미끄러지는 고백들이
시계의 초침이 째깍거릴 때마다 깨어나

늘상 일어나는 것처럼
가다 서다
가다 서다

손을 뻗다

철봉에 거꾸로 매달리고 있으면
중력이 속임수를 쓰지
콧구멍이 거꾸로 박혀 미소가 찡그러지고
바닥에서 올라온 흙냄새가 살갑게 파고들지
소리는 먼 곳에서 오는 시늉을 내는
유쾌한 반향

태양에 비친 그림자
날갯짓 몇 번만으로 길게 활공하는
솔개 떴다

나를 향해 달려오는 것 같아
찰나 눈을 감고
솔개를 붙잡고 싶어
손을 뻗었지
피가 아래로 몰려 아득해지는데
날개를 잡고
땅과 하늘 사이를 꽉 잡아당겨
땅이 물러나며 솟아올라

순간

손에 공기를 움켜쥐고
쿵! 떨어지고 말았는데

잡을 수 없는 걸 잡으려 했던
아홉 살
그날

끝물 햇살

외투 주머니 깊숙한 곳
넣어둔 햇살 한 줌
쥐고서 걸어요

골목 입구의 붉은 우체통에
귤이 담긴 시장바구니 곁에
얼어붙은 자전거 안장 위에
조심스레 얹어요

엊그제까지 빙판이었는데
골목길 가장자리에서
잔설이 녹고 있어요
입김을 불면
눈 녹는 소리가 들릴 것 같아요

잠깐 고개 들어 본 겨울 하늘
참새 떼의 올망졸망한 울음소리가
오래된 약속처럼 한 방향으로
쏟아져요

그 무리 속에 섞여
남쪽을 향해 날아가고 있어요

봄을 못 만날 줄 알았는데
한 번 더 주머니 속 햇살을 만지작거리면
가만히 흩어지는 온기

내가 아직 살아 있다는
살아가고 싶다는 기분

작은 죽음

음악이 멎고 실금이 퍼졌다
허물어지려는 형태를,
쓰러지는 사람을 안듯 잡고 있었다

바스라져 버릴 것 같은 유리 속 풍경들

"안타깝지만 살릴 수 있는 건 없어요. 아무것도요."

개미의 죽음에 익숙해지면
코끼리의 죽음에도 익숙해진다고
조각난 벨 소리가 울렸다
머리가 깨질 듯 아프기 시작했다

제4부

동부이촌동

강변북로를 달리던 차가 막혀
길이 두터워졌다

꼼짝도 못 하고 서 버린
여기 어디쯤이었지

그때,
너는 말없이 웃고
나는 그걸 읽고
이런 시시한 뒤틀림에 우리가 했던 떨림들은
너무 가볍게 숨을 곳을 찾는데

배경이 다른 계획을 가지고
너를 거기 놔두고
시간을 봉인시켜 버린
참 먼 곳
동부이촌동

피하지 않아도 가지 못한 곳, 그저
숨긴 말들이 이따금 툭툭 튀어나오면
그게 네 말이라서

불투명한 봉인 속
흔적을 컴퓨터로 열면
너는,
픽셀화된 프레임

하드 드라이브에 남아 있는 스크롤 가능한
타임라인

잠깐
오래된 사진첩의 홀더를 클릭하며
떠돌던 감정을 되살리다가

차들이 조금씩 움직이기 시작할 때
삭제를 누를 새 없이
닫아버린

우리의 디지털 창
동부이촌동

짧은 스파크

잘못 기억할 때가 있다
손목이 어깨를, 어깨가 입술을

닿지 않는 손을 내밀면
네온이 꺼진 골목에

짧은 스파크가 튀었다
켜졌다 꺼지는
나도 모르는 사이에
작은 누전으로 연결된 줄들이
떨어진 물방울을 따라
젖은 머리칼이 목덜미를 스칠 때마다
종종 너를 닮은 속도를 타 보는데

유리창에 붙었다가 떨어지는 물방울 같았다
플랫폼에 남아 있는 나
전철은 문이 닫히고
젖은 도로를 빠져나가고
잠이 깬 듯

말을 고르다가 스스로를 놓쳤다
한 번도 버릇처럼 들리지 않았던 말들
우리가 건네던 사소한 인사들

너무 늦게 알았다
그날,
가볍게 젖은 어깨로 돌아서던
우리는 서로를 피해 걷는 연습을 했지
버려진 우산 옆으로 비가 모였다
우산도 없이 비를 맞던 날이었다

방지턱

다른 곳은 어떨지는 모르겠지만
여기서 잠시만 주춤거릴게
홀로 커피를 내리는 시간만큼만
다른 누구와 나눌 수 없는 방식으로

첫 모금이 목을 타고 흐를 때
너의 온도를 기억할게
손끝으로 잔을 감싸며.
남은 열기가 사라지기 전까지만

몇 방울의 기억들은
관대하고 너그럽다

네가 가 있는 저쪽
저쪽은
내가 닿을 수 없는 곳

다른 시간은 어떨지 모르겠지만
갈 수가 없어 내가 알지 못하고

모든 것이 다시 시작될 텐데

홀로 남은 내가,
여기서 기억할게
잠시만 주춤거릴게

라스트 콘서트*

다시 그 기분을 느껴 보려고
집중한다

주인공 남녀가 서로의 가능성을 껴안고 있었다
남자가 가진 음악에 대한 결핍과
여자가 가진 생의 결핍이
흐르고 있었다

"여기서부터 시작하자." 네가 말했을 때
붉은빛 도는 바다
우리의 처음에 부풀었던 화진포
새 한 마리 날아가는 방향을 향해
음악은 한껏 높아지고
나는 네 옆에서 우리의 처음에 부풀었는데

벌써 끝났다고? 아직 시작도 안 했는데?**
엔딩 크레디트가 올라간다
얼마나 많은 사람들이 호명되는지
이름들 속에서도 너의 이름을 찾지 못하고

극장을 빠져나왔다
거리의 시계는 숫자를 잃고
침들은 마치 기억을 가리키듯 휘청였다

네가 가진 생의 결핍을 길에 덮어씌우면
너의 부재에 대한 나의 결핍이
저무는 하늘 끝
붉은빛 종이를 구겨
사이사이 그림자를 드리우고 있었다

아주 오래된 영화 속에서

* 루이지 코지 감독의 영화 제목.
** 〈라스트 콘서트〉 속 대사.

자리

네가 없는 방에
의자들은 서로
등지고 있다

벽을 타고 오던 낮은 소리도
들리지 않는다
네가 돌아오지 않을 걸 알기에

벽에 걸린 창문 그림자는
창문이 아니라서
열리지도 않고
나갈 길도 없다
그림자 속에 갇힌 하늘은
가까워 보이지만 닿지 않는다

창문 밖에서
바람은 끝없이 밀려오지만
들어오지 못해
나는 손을 뻗어본다

그러면

텅 빈 자리

잠깐 흔드는 미세한 기척으로

너에게 지금을 물을 수만 있다면

침묵도 무겁지 않고

오히려 공기처럼 떠오를 수 있을 것 같은데

그러나 나는 멈추는 법을 배우고 있다

여기 가만히 서 있는 법을

은사시나무

겨울엔 온몸이 여백이라서 은빛을 감춥니다
멈춤에 빠진 것처럼 적막에 둘러싸여 있는 밑동,
땅을 움켜쥐고 좌선을 풀 생각이 없습니다
바람의 온도가 조금이라도 바뀌면
심장이 꿈틀거리고 가슴 안쪽이
버석거립니다
얼음 장막 아래 깊은 곳에서 잠자는 뿌리가
예감을 밀어 올립니다
몇 날 며칠 폭설이 내리겠네요
건너편 소나무들이 걱정입니다
설해목이 되려고 부러진 가지 소리가 들리면
눈을 감아야 합니다
이번 폭설이 지나면 겨울 볕뉘 몇 조각
시린 무릎 위에 말갛게 내려앉아 노닐다 갈 것입니다
봄 쪽으로 귀를 슬쩍 열 것입니다
수피에 본색이 돌아오고 눈엽嫩葉에서 피어나는
연두가 하늘을 향해
번져갈 것입니다

그런데 뿌리 근처로 이사 온 당신
두 다리 쭉 뻗고 겨울잠을 오래오래 자고 있습니다
빛과 그림자의 베일을 벗어 던져 버리고
너무나 달콤한가 봅니다

천사의 말

유선 전화기가 유난히 큰 소리로 운다
우는 일은 광고나 정보 수집이어서
닿지 않는 곳의 목소리로
말을 건네는 것인데, 요 며칠

거실에 전류가 흐른다
긴 전선은 감긴 세월처럼
바닥을 기어간다
아무것도 변하지 않은 것처럼
들려오는 목소리
필터링 없는 감각 속에 묶인 채
먼 거리를 타고 온 날것의 말투

벌써 잊었어? 그렇게 앓더니
그 사람 죽었어 인터넷에 이름이 닫혔더라
서랍 속 먼지처럼 쌓인 이름
수화기 너머로 이어지는 침묵의 회로
신호음은 내 마지막 인사 되어 길게 이어진다

하얀 전선 끝에 매달린 시간이 멈춘다
보낼 수 없는 말들
뒤돌아볼 틈도 없이 사라져 버린 날들
빈 주파수에 하나둘 매달린다

흐릿한 기척, 먼 곳에서 조용히 잃어버린 온기
한 번 더 그림자가 지나간다면
그가 떠오를지도 몰라

요 며칠 시도 때도 없이 울리고
과거에 남긴 불씨들이 잔향으로 남아
돌아갈 곳 없는
목소리

수화기를 들면

아는 사이

아파! 이 말을 하고 있는
그게 너라서 난감해져
어디가 아프냐 물으면
몰라, 그냥 아파……
뒤돌아서지 못하게 나를 붙잡고 있는 말 앞에서
너와 내가 생각하는 거리는 달랐어
어쩌면 우리?
어쩌면 우리!
정작 커피 한 잔 시켜놓고 시시껄렁한 이야기로
시간을 보낸 적도 없는데
서로의 안쪽을 들킨 적도 없는데
내 앞에 아파를 내밀다니
관심에 중독되어 본 적도 없는 내게
아파! 하고 감정의 온도를 높이다니
지워지지 않는 네가 되려고
내 어디에서
해석도 안 되는
통점을 찾으려고 했을까

뭇별이야 어디든 떠 있고

실없이 들어와 반짝거리지

오늘도

가을 밖에서 잎이 떨어지고 있다

자식

너는 바람이더라
내 몸에 허락도 없이 들락거리더라

네가 너의 길을 알아
떠나고
나는 휑하니 비어 가면
흔들리는 몸짓들
잡히지 않던 네가 다시 찾아와 맴돌더라

한때는
너를 내 안에 두고서
닫아 놓은 마음에 틈새를 내어
햇빛을 받고 달빛도 받았지
그 밝은 빛 하늘색이
한 가지가 아니라는 것이 너무 좋았다

나 혼자 가두어 놓은
수만 상처가 일어나고
남겨진 침묵이 힘이 세지면

행여나 하는 마음

밖으로 나가 헤매다 돌아온다

곁에 두고 싶은 게 너라서 문만 열어도

바람은 놀고

허공에 그리는 무늬는

멀리서 눈으로만 그려야 하더라

문주란

엄마가 키우던 화분
화초를 좋아하는
친구의 집에 갖다 놓았다

우거진 숲 베란다 정원
그 안에 놓으니 작고 초라했다
돌아서는데
엄마를 친구 집에 두고 온 기분이다

화분이 놓였던 빈자리에
엄마의 체취는 달라붙어 있었다
입 다문 저녁 나팔꽃이 줄기를 뻗어 창문 안을 엿본다

무언가 들킨 기분이다

엄마 이야기에서
나를 꺼내 흔들면
흔들리는 것들이
엄마의 상처인 줄 모르고

내 아픔만 들여다보고 있었다

어느 날
골목길 미용실 앞 문주란이
잎 사이로 꽃대를 올려 봉오리 밀어내는데
심장 속에서 끝없이 흘러나오는 엄마
친구 집으로 달려갔다

꽃받침과 곡선을 이루며
하얀 꽃잎이 부드럽게 휘이저 빛을 감싸며
엄마가
꽃을 피우고 있었다

못자리

더는 못 박지 말자고
다짐했는데
못 박을 일이 자꾸 생긴다

버릴 건 적고
가지고 온 것들이 많아
바닥을 다 채우고 벽을 타고 오른다

서툰 망치질에
손가락을 찍는다

잘못 박아 뺀 자리
길도 상처가 될 수 있구나

가는 길이 막히면
메우기 어려워 덧나기 쉽다
손가락을 쓰다듬는다

벽 너머 어두운 곳에

망치질로

몰아넣은 아픈

메아리

VR

그날이 온다면

작은 핀을 꽂아 네 머리를 묶어 주고
백화점에 가
네게 어울리는 옷을 고르고
거울 앞에서 환히 웃는 네가 보고 싶다

"엄마, 저 꽃이 뭐예요?"
네 질문에 대답하려
꽃 이름을 기억하려 애쓸 것이고,
네가 좋아할 꽃을 심으며
작은 정원을 가꿀거다

비 오는 날,
네 손을 잡고
우산 속에 담긴 빗소리를
함께 들어보고 싶다
또는 비를 피하며
작은 카페에 앉아

따뜻한 코코아 한 잔을 마시는 상상

네가 글씨를 배울 때,
너의 이름을 손으로 써보고
네가 읽을 책의 첫 장을 펼쳐
네 목소리로 시작되는 이야기를 듣고 싶다

너의 손을 잡고
세상을 가르칠 때,
너는 네 눈으로
내가 모르는 세계를 보여줄 것이다
"엄마, 여긴 왜 이래요?"
그 물음에
나는 매번 새로운 답을 찾으며

HTTP 상태코드 404

스크롤 내리듯 이삿짐을 채워
새로운 문턱을 넘었다
모든 것이 완벽해 보이는데

그게 무얼까
플러그인된 기억들이 쌓여
하드디스크가 새로운 공간으로 넘어가도
온전히 삭제되지 않은 채
켜 있는
무언가 놓고 온 것만 같다

이 꺼림칙한 물음표에 달려 있는
아늑한 것들은 무엇일까
저장하고 복제하고 삭제하면서
거기에 서 있는 기계의 마음일까

응답을 잠시 멈춘 익숙한 데이터
모든 계절이 뒤섞여 있는 하나의 계절이
양재천을 걷는 나의 뒷모습을 끊임없이 지우고

다른 공간과 연결되는 전원을 켜
새로운 주소를 읽는다

익숙한 것들은 클릭할 수 없는 게 아쉬워
삭제 버튼을 누를 수 없다

새 탭을 열어놓으니
URL 없이는 찾을 수 없는 페이지
커서만 깜박이는 입력할 수 없는 밤
하얀 밤

비 오는 날의 연습

창문에 기대어 물방울을 세다가
문득 주머니를 더듬어요
햇살은 없지만
언젠가 접어 넣었던
따뜻한 말
더듬는 손길에
닿아요

우산 아래로 바람이 비를 던질 때
주머니에서 마른 수건을 꺼내
젖은 신발을 닦으면
떨리던 발끝에서, 질문 하나가 빠져나와요
"끝까지 가 볼 거니?"

버스 안, 말없이 앉은 사람들
자기만의 무대에 서서
잃지 않으려는 표정
흐르지 않으려는 침묵
고개를 숙이고

주머니 속 기억을 꺼내 놓아요

이건 웃던 얼굴,
저건 울다 멈춘 어깨
비 오는 날은
마음이 쉽게 흐르기에
조심스레 스며들지요

젖지 않고 하루를 건너는 일
맑은 날에도 쉬운 일이 아니기에
햇살 없이도
오늘은 끝까지 가 볼래요

이희경의 시세계

존재의 가벼움, 혹은 부재의 풍요로움

황치복

(문학평론가)

1. 사소한 서사 속의 자아 탐구

2022년 『심상』으로 등단한 이희경 시인의 첫 시집이다. 첫 시집은 의례 회고적인 시선으로 자신의 삶을 돌아보면서 그 속에 녹아 있는 한스러움이라든가 서러움 등을 녹여내기 마련이지만, 시인은 그러한 자서전적 시각에서 벗어나 자신만의 고유한 시의식을 개성적인 시각으로 추구하고 있다. 그렇다고 해서 시인이 자신의 시를 통해서 어떤 거창한 작시술의 혁명을 꾀하거나 새로운 시적 개성을 창출함으로써 시단에 센세이션을 일으키고자 하는 욕망을 지니고 있는 것은 아니다. 시인은 단지 소박하지만 자신만의 고유한 시적 세계를 구축함으로써 자신의 세계관과 인생관을 펼쳐 낼 서정적 표현의 양식을 정립하고자 하는 작은 소망을 지니고 있을 뿐이다.

시인이 추구하는 시적 개성은 수묵화 혹은 수채화와도 같고 인디음악과도 같이 화려한 색채를 피하고 담담하고 담백한 색채, 혹은 소박하고 단조로운 톤의 소리를 만들어내듯이 그렇게 언어를 운용한다. 시인은 "누군가 머물다간 자리에 남은 온기"를 소중하게 여기는데, 그리하여 시인의 시편들을 읽고 있으면 추운 겨울날의 저물 무렵 은은하게 비치는 햇살의 온기와도 같고, 석양의 아스라한 잔양과도 같이 그렇게 따사로운 온기를 경험하게 된다. 시인의 시편들을 음미하다 보면, 마치 묵밥이나 메밀차처럼 그렇게 있는 듯 없는 듯한 그윽한 맛이 우러나는데, 이러한 시적 특징들은 시인이 희로애락과 간난신고의 세상사에서 애써 초연하고자 하는 인생론적 태도를 지니고 있기 때문일 것이다.

그렇다고 해서 시인의 시편들이 지니고 있는 정취가 초라하거나 가난하게 느껴지지는 않는다. 오히려 시인의 시적 행로를 쫓아가다 보면, 어느새 독자들은 은은하지만 풍요로운 세계를 마주치게 되는데, 이러한 현상은 세상이 추구하는 가치로서의 권력이라든가 금력 등에서 벗어났을 때 소소한 삶의 기쁨들이 와락 안겨 오는 것과 같은 이치와 같다. 망원경으로 볼 때는 볼 수 없었던 미시적인 세계가 현미경을 통해서 바라볼 때, 그 풍부한 세계가 현현하는 것처럼 시인은 작고 사소한 사물들과 사건들에 현미경과 같은 섬세한 시선을 드리우고 그 미세한 결과 켜들이 완성하는 무늬를 포착하고 있는 것이다. 그리하여 그 시적 세계는 하나의 소우주를 이루면서 자족적이고 풍성한 의미의 세계를 구축하게 되는데 다음과 같은 작품이 가장 대표적인 사례를 제공한다.

> 집 앞 작은 텃밭에
> 깻잎 몇 줄 심어두었습니다
> 큰 기대는 없었습니다
> 잘 자라면 다행이고
> 말없이 사라져도 괜찮은 정도의 마음으로
>
> 햇빛은 골고루 내리고
> 비는 가끔씩, 너무 늦지 않게 왔습니다
>
> 며칠 뒤, 한 뼘을 훌쩍 넘는 키를 자랑하며
> 줄기와 잎이 고개를 들고 있었습니다
> 이름을 불러준 적도 없는데
>
> 도시는 여전히 바쁘고
> 나는 요즘 조용한 식물 하나를 알아갑니다
>
> 무언가를 잘 돌본다는 건
> 내가 나를 덜 다그치는 일과 닮아 있습니다
> 누군가를 부르지 않고도

누군가에게 묻지 않고도
햇살을 감지하는 일
물기를 기억하는 일

그저 잘 있는 것, 그걸 알게 되는 오후입니다
—「조용한 식물」 전문

 행간에 뚜렷한 비약이 없이 잔잔한 파도가 밀려오고 밀려가듯이 시상이 전개되고 있다. "깻잎 몇 줄 심어두었습니다/ 큰 기대는 없었습니다"라고 하면서 사소한 사건을 내세우면서도 어떤 큰 기대나 열망에 대한 부담도 없이 소박한 바람이 잔잔하게 서술하고 있는데, 경어체의 어조 또한 세상을 대하는 시인의 겸허하고 공손한 태도를 드러내 준다. 이러한 장치들로 인해서 독자들은 러시아의 극작가 안톤 체호프의「벚나무 동산」을 비롯한 다양한 희곡 작품을 읽을 때 느낄 수 있는 조금은 쓸쓸하고 허전하면서도 어떤 미학적 아름다움에 어슴푸레하게 젖어 있을 때의 심적 상태를 경험하게 된다.

 그렇다고 해서 이 시의 시적 공간에 작은 경이나 기쁨이 없는 것은 아니다. "며칠 뒤, 한 뼘을 훌쩍 넘는 키를 자랑하며/ 줄기와 잎이 고개를 들고 있었습니다"라는 것처럼 뜻밖의 발견에 이은 놀라움이 시적 공간을 가볍게 출렁이게 한다. 큰 기대 없이 심어둔 깻잎이 잎을 틔우고 줄기를 세우는 장면은 자연의 섭리를 반영하고 있는 것이기에 시인의 마음에 잔잔한 파동을 일으킬 수 있었던 것이리라. 더욱 주목되는 발견은 하나의 존재자를 알아가는 것이며, 그것을 통해서 타자와 관계를 맺는 삶의 방식이다. "나는 요즘 조용한 식물 하나를 알아갑니다"라는 진술 속에는 타자와 새로운 관계를 맺고 그를 알아가는 은밀한 기쁨이 배어 있다.

  하지만 더욱 가치 있는 발견은 "무언가를 잘 돌본다는 건/ 내가 나를 덜 다그치는 일과 닮아 있습니다"라고 하는 진술처럼 자아의 발견과 삶의 지혜에 대한 터득이라고 할 수 있다. 무언가를 잘 돌보는 일이 어떻게 자신을 덜 다그치는 일이 되는 것일까? 시적 맥락에 의하면 무언가를 잘 돌본다는 것은 "누군가를 부르지 않고도/ 누군가에게 묻지 않고도/ 햇살을 감지하는 일"이며, "물기를 기억하는 일"이기 때문이다. 그러니까 돌보기 위해서는 그 대상 주변, 특히 자연의 흐름과 변화를 포착해야 하기 때문에 여유를 갖는 것이 필요하며, 그래서 어떤 일을 빨리 끝내려고 몰아치는 심리에서 벗어날 수 있는 것이다. 물론 이러한 과정을 통해서 자신의 욕망으로부터도 해방될 수 있을 터인데, 주된 관심사가 에고에서 벗어나 타자로 향하고 있기 때문이다. 결국 타자를 돌보거나 알아가는 일은 자아의 발견과 연결되어 있는 셈인데, 이를 확인해 주는 자잘한 서사의 시를 한 편 더 읽어보자.

    창문 밖으로
  나무와 길과 아파트와 차들은 서로 다른 종으로 배려합니다 표정 없는 얼굴들에 풍경이 붙들려 있습니다

가장 가까이 있는 나무는 멀리 있는 나무보다 더 많이 흔들거립니다 큰 나무 아래 작은 나무들이 그늘 속 그늘을 만들며 놉니다 나무의 일이 부럽습니다

  홀로 있는 집이 섬 같습니다 어떤 질문들이 끊임없이 밀려오고 밀려나갑니다 할 수 있는 일이라고는 사방을 둘러보는 일 안으로는 천장과 벽, 벽에 걸린 그림이, 시곗바늘의 그림자까지 적막을 구성합니다

  공기가 열려 있는 창문으로 밀려납니다 밀려나가는 마음이 창문 앞에 멈춥니다 높은 층수도 아닌데 멀미가 납니다 창문을 지우는 일입니다

  주방을 힐끔거립니다 설거지를 지우고 양념통과 냅킨을 지우고 앞치마를 벗으면 내가 드러날까요 거울을 봅니다 흐트러진 머리칼 속에서 매번 낯선 얼굴과 마주합니다 달의 모습이 어제와 다른 얼굴을 가지듯이요 떨어지는 머리카락 한 가닥 후~ 하고 불면 오늘이 이리 가벼워도 되는 건가요

  TV의 검은 화면에 비치는 내가 나를 봅니다 여기에 앉아 있는데 다른 곳 다른 시간들이 열립니다
  　　　─「하루가 이렇게 가기도 한다」 전문

"떨어지는 머리카락 한 가닥 후~ 하고 불면 오늘이 이리 가

버워도 되는 건가요"라는 시구 속에 이 시의 문제의식이 응축되어 있다. 하루 종일 아무런 일도 일어나지 않는다는 것, 그래서 시인이 "홀로 있는 집이 섬 같"다는 것, 그리하여 "할 수 있는 일이라고는 사방을 둘러보는 일"밖에 없는데, 그러면 사방에서는 "천장과 벽, 벽에 걸린 그림이, 시곗바늘의 그림자까지 적막을 구성"하고 있을 뿐이라는 사실들이 잔잔한 어조로 서술되고 있다. 특히 "설거지를 지우고 양념통과 냅킨을 지우고 앞치마를 벗으면 내가 드러날까요"라는 대목을 보면, 시적 화자가 "주방"에서 음식을 만들고 그것을 먹는 사소한 소일거리로 하루를 채우고 있음을 알 수 있는데, 사정이 이러하기에 자아에 대한 의문이라든가 존재 의의에 대해서 의구심이 드는 것은 당연한 수순이다.

그런데 시적 화자의 주변에서 아무런 사건이 일어나지 않는 것은 아니다. 이미 언급한 것처럼 사방에서는 "천장과 벽, 벽에 걸린 그림이, 시곗바늘의 그림자까지 적막을 구성"하고 있으며, "창문 밖으로"는 "나무와 길과 아파트와 차들은 서로 다른 종으로 배려"하고 있으며, "표정 없는 얼굴들에 풍경이 붙들려 있"기도 하는 등의 자잘한 사건들이 일어나고 있기도 하다. 그러니까 시적 화자의 주변 사물들은 특정한 배치를 통해서 서로를 배려하고 있기도 하고, 어떤 조화를 통해서 하나의 풍경을 이루고 있기도 한 것이다.

주변 상황이 하나의 배치를 통해서 특정한 풍경을 이루고 있다는 것은 곧 그 자잘한 사물들이 어떤 가치를 가지고 그 풍경에 참여하고 있다는 것이 된다. 그래서 시인은 아무리 가벼운 삶이라고 할지라도 자신 또한 어떤 존재 가치를 지니고 있을 것이라 생각하고 "거울을 보"면서 그것을 타진한다. 시인이 발견한 사실은 자신이 하나의 사물처럼 정체되어 있지 않고 수시로 변하고 있다는 점이다. "흐트러진 머리칼 속에서 매번 낯선 얼굴과 마주합니다"라는 구절이 그러한 사실을 시사하고 있으며, "여기 앉아 있는데 다른 곳 다른 시간이 열립니다"라는 대목이 새로운 자아의 가능성을 암시한다. 이러한 자아 변화의 가능성은 곧 시적 상상력의 결과라고 할 수 있으며 주변의 배경과 어우러지면서 자신 또한 하나의 배치를 통해서 변화를 유발하기 때문일 것이다. 그러니까 혼자 있는 것 같지만, 사실은 주변의 사물들과 함께 공존하면서 어떤 배치에 참여하고 있는 것이다. 이희경 시인의 시적 매력은 이런 점에서 발견되는지도 모른다. 혼자 있지만 결코 혼자 있는 것이 아닌 세계, 아무런 변화가 없지만 수시로 달라지는 배치를 통해 의미를 생성하는 세계가 이희경 시인의 시적 공간의 특징이 되는 셈인데, 시인의 주된 시적 관심사 가운데 하나가 자아에 대한 탐구라는 점도 확인할 수 있다.

    발끝이 닿는 곳에서 깨어난다
    몸이 내는 소리를 따라 하듯
    비밀을 나누는 것처럼

    이런 날이면
    누군가와 함께 있는 듯한 기분이 든다

산책로 모퉁이를 돌아

끝없는 띠 위로 또 한 걸음

그림자가 나를 데려가려 한다

그림자를 따라간다

겹치다가 다시 둘이 된다

저 속에는

어떤 내가 웅크리고 있을까?

검어서 아픈 시간일까

형체만 남아

빛 속에서 온몸으로 나를 바라본다

혼자이지만

결코 혼자가 아닌

그림자 속에 든 나

나라는 사람

그저 그림자의 그림자일까

발걸음을 내디딜 때마다

가까워지다 멀어지다를 반복한다

—「뫼비우스 띠」 전문

아무 일도 일어나지 않기에 주변 사물의 존재 방식에 대한 궁금증이 유발되는 것처럼, 자신의 서사에 어떤 결정적인 사건이 발생하지 않기에 자신의 존재 가치와 존재 방식에 의문을 품는 것을 자연스러운 결과이다. 이때 시인이 발견한 것이 바로 그림자인데, 그것은 자신의 태생부터 자신을 따라다녔다는 점에서 제2의 자아이기도 하며, 그것은 또한 자신과 관련된 "비밀을 나누는" 관계라는 점에서도 비상한 관심의 대상이 된다. 그것은 시적 화자를 "끝없는 띠 위로 또 한 걸음" "데려가려 하"며, 시적 화자가 그것을 따라가자 하나로 "겹치다가 다시 둘이 되"기도 한다. 이때 그림자가 시적 화자를 데려가는 띠가 바로 제목이 암시하는 것처럼 "뫼비우스 띠"라고 할 수 있다.

뫼비우스 띠란 안과 밖이 구분되지 않는 2차원 곡면으로, 단일 경계를 가신 비가향적(non-orientable) 도형으로서 끊어지지 않고 연결되어 있는 띠를 지칭하는데, 끝이 없이 반복되는 일이나 과정 등을 비유해서 표현하기도 한다. 시적 화자가 강조하는 "겹치다가 다시 둘이 되"기도 한다는 진술은 바로 이처럼 그림자와 자아가 뫼비우스 띠로 연결되어 있어서 둘이 되기도 하고 하나가 되기도 하는 양면성을 드러낸 것이다. 시적 화자가 "혼자이지만/ 결코 혼자가 아닌/ 그림자 속에 든 나"라고 하면서 그림자가 자아의 분신처럼 존재하며, 자아는 그림자와 일체감을 형성하기도 하고, 그림자를 의지하기도 하면서 공존하고 있음을 강조하는 것도 이러한 뫼비우스 띠와 같은 관계에서 착안한 것이다.

그런데 시적 화자는 그림자에 대해서 "저 속에는/ 어떤 내가 웅크리고 있을까"라고 하면서 그림자가 자아의 다른 그늘진 부분일 수 있음을 암시하는데, "검어서 아픈 시간일까"라는 구절을 보면 자아의 트라우마로 인해서 생겨난 그림자로서의 무의식을 떠올리게 한다. 그런데 "형체만 남아/ 빛 속에서 온몸으로 나를 바라본다"라고 하는 대목을 보면, 그림자가 곧 자아에 종속된 영역이라는 것을 짐작할 수 있으며, "나라는 사람/ 그저 그림자의 그림자일까"라는 독백을 보면 내가 그림자에 종속되어 있는 존재일 수도 있음을 시사한다. 그러니까 자아는 무의식이라는 그림자에 종속되기도 하고, 무의식의 그림자가 자아에 종속되기도 하면서 하나의 띠를 형성하는 그러한 관계인 셈이다. 시인은 「그림자」라는 시편에서 "그림자들이 모이는 술집에 갔겠지/ 주인 대신 취하고 싶을 때 술집에 모여/ 시간을 보내게 되지/ 서로 한탄이나 하소연을 하면서/ 시커먼 속을 보여주겠지/ 시커먼데 숨기는 게 하나도 없어"라고 하면서 그림자가 자아에 종속된 존재가 아니라 독립된 존재처럼 말하는데, 그렇다면 그림자와 자아는 서로 독립적이면서도 종속적인 아이러니의 구조를 지니고 있는 셈이 된다. 시인이 추적하고 있는 자아의 양상이 복잡한 미로의 같은 모습을 띠고 있음을 짐작할 수 있거니와 이러한 시적 사유 또한 사소한 서사에서 유래한 결과라는 점에서 사소한 것의 시적 효용성을 짐작할 수 있다.

2. 부재로 이루어진 풍요로운 공간

이번 시집에서 사소한 서사를 통한 자아의 탐구만큼 중요한 시적 관심이 바로 부재의 가치, 혹은 부재가 야기하는 정동의 흐름이라고 할 수 있다. 시인은 '시인의 말'에서 "누군가 머물다 간 자리에 남은 온기, 조용히 사라진 것들이 남긴 기척에 귀를 열어봅니다"라고 하면서 사라진 존재가 남긴 부재가 몰고 오는 파장과 효과를 중요한 시적 제재로 인정한다. 그리고 "때로는 그것이 소리보다 더 큰 울림을 만들어 내기에, '없는 것들'이 '있는 것들'을 대신해 말을 걸어오는 순간에 닿을 때가 있습니다"라고 하면서 그 전에 있었지만, 지금은 없는 것들이 시적 울림의 원천으로 작용하며 풍요로운 서정의 질료를 제공하고 있음을 고백하고 있다. 자아와 타자에 대한 탐구만큼 시인의 시적 관심사 가운데 하나로 부재하는 존재와 그 부재가 일으키는 파문과 파장이 꼽힐 수 있음을 알 수 있는 장면이라 할 수 있는데, 부재는 작고 사소한 사건들이 큰 울림과 파장을 몰고 왔듯이 그렇게 시적 공간에 큰 파고를 일으키고 웨이브를 생성하게 된다.

시인은 부재라는 것이 보편적인 것이며, 삶의 근원적 형식일 수 있음도 자각하고 있다. "지나가다 들려오는 음악에 한쪽 귀만 열고, 옅어져 사라지는 순간까지 놓치기 싫었던 멜로디,/ 여전히 거기 있어요 잠시 나를 거기에 내려놓아요/ 지워지는 게 사는 일이에요"(「그 동네」)라는 잠언을 보면, 소멸의 형식이야말로 삶의 근원적인 양상이라는 것, 그래서 "옅어져 사라지는 순간"에 대한 관심과 집중이야말로 그러한 형식에 대한 존중임을 시사하고 있는 것이다. 시인의 이번 시집은 다양한 죽음의 이미지로 넘쳐나는데, 시인은 어떤 형태의 붕괴까지도 죽음으로 받아들이려 한다. 예컨대 "음악이 멎고 실금이 퍼졌다/ 허물어지려는 형태를,/ 쓰러지는 사람을 안듯 잡고 있었다"(「작은 죽음」)라고 하는 구절들을 음미해 보면, 도처에 죽음이 만연해 있는 것을 확인할 수 있다. 그래서 시인은 "안타깝지만 살릴 수 있는 건 없어요. 아무것도요"(「작은 죽음」)라고 하면서 모든 존재자들의 귀결은 죽음과 소멸일 수밖에 없음을 강조하고 있기도 하다. 소멸과 상실로 야기된 부재에 대한 시인의 반응은 다음과 같다.

네가 없는 방에
의자들은 서로
등지고 있다

벽을 타고 오던 낮은 소리도
들리지 않는다
네가 돌아오지 않을 걸 알기에

벽에 걸린 창문 그림자는
창문이 아니라서
열리지도 않고
나갈 길도 없다

그림자 속에 갇힌 하늘은
가까워 보이지만 닿지 않는다

창문 밖에서
바람은 끝없이 밀려오지만
들어오지 못해
나는 손을 뻗어본다

그러면
텅 빈 자리
잠깐 흔드는 미세한 기척으로

너에게 시늉을 붙을 수만 있다면
침묵도 무겁지 않고
오히려 공기처럼 떠오를 수 있을 것 같은데

그러나 나는 멈추는 법을 배우고 있다
여기 가만히 서 있는 법을

― 「자리」 전문

"네가 없"어지자 세계는 "텅 빈 자리"가 되고, 그리하여 그곳에는 온통 부정적인 어휘들이 차지하게 된다. "들리지 않는다", "네가 돌아오지 않을 걸 알기에", "창문이 아니라서", "열리지도 않고", "나갈 길도 없다" 등등의 시적 표현들은 모두

"아니다", "없다", "않다" 등의 부정어들로 점철되어 있다. 너의 부재가 텅 빈 공간을 초래하고, 그 공간은 온통 부정적인 심적 상황들이 장악하고 있는 셈이다. 심지어 "네가 없는 방에/ 의자들은 서로/ 등지고 있다"라는 대목을 보면, 부재의 공간에서는 사물들조차 소통이 차단되고 소외되는 효과를 발휘하고 있다. 시인에게 너의 부재가 초래하는 상실과 결핍의 심리적 동기가 결코 가볍지 않다는 것을 알 수 있다.

　이런 상황에서 시인은 어떻게 반응하는가? "너에게 지금을 물을 수만 있다면/ 침묵도 무겁지 않고/ 오히려 공기처럼 떠오를 수 있을 것 같은데"라고 하면서 부재의 존재에게 간절한 소통의 욕망을 표출하고, 결핍의 상태에서 초월을 꿈꾸어 보지만, 그것은 애초에 불가능한 희망일 뿐이다. 그래서 시인은 부재에 대처하는 마음의 자세를 가다듬어 보는데, "나는 멈추는 법을 배우고 있다"라고 하거나 "여기 가만히 서 있는 법을"이라고 하는 것이 하나의 대안이 된다. 멈추는 법이라든가 가만히 서 있는 법이란 부재와 결핍을 벗어나려고 안달하기보다는 조용히 그것을 받아들이고 견디는 자세를 뜻한다. 그러니까 어떤 능동적인 결단과 행동 대신에 멈추는 것, 그래서 현실을 직시하고 부재와 결핍이 야기하는 새로운 환경과 변화를 수용하는 것이 대안이 되는 셈인데, 그것은 소극적이고 수동적인 자세일 수도 있지만, 역설적으로 매우 풍요로운 세계를 관조할 수 있는 적극적이고 능동적인 대처인지도 모른다.

　　　말해줘

빈 공간이 완성되면,

싱크대의 배수구가 삼킨 오래된 대화들
차갑게 거부하는 찻잔의 온기

벽에 걸렸던 시계는 초점을 멈춰 지나간 시간을 던지고, 서랍을 열면 시간의 미약한 삐걱거림 종이들 펜 문 없는 열쇠, 책장은 텅 빈 칸을 보이며 먼지로 서사를 대신한다 책장 사이에 끼워둔 잊혀진 엽서 한 장, 새빨간 말들

…(중략)…

마지막 상자를 들자 방이 숨을 쉰다 창백한 벽에 부딪히는 한숨, 햇빛 속 먼지가 춤춘다 이 집은 우리의, 혹은 나의, 아니면 누구의 것이었을까

비우는 것은 없어지는 게 아니라 다른 이름으로 머무는 곳
그리고 나는, 그 이름을 모르고

문고리마저 손을 놓는다 더 이상 열지 않아도 되는 이곳에서의 끝자락

말해 줘
빈 공간이 완성되고 난 후,

너를 가득 담아놓은 상자 하나 남아 있을까,

(두고 온 거기)

― 「빈자리」 부분

"빈 공간이 완성되면"이라는 표현은 어찌 보면 형용모순을 지니고 있기에 역설적인 표현인지도 모른다. '빈 공간'이라는 표현이 부재와 결핍을 함축하고 있는데, "완성"이라는 표현은 충만과 완전함 등과 같은 의미를 시사하고 있기 때문이다. 실제로 이 시의 시적 공간에는 부재와 결핍, 그리고 충만과 활력의 이미지들이 공존하는 아이러니한 현상을 보여주고 있다. 이러한 현상은 부재라든가 결핍이 일방향적인 가치를 지니는 것이 아니라 양면의 가치를 지니고 있음을 암시하고 있다. 초점을 멈춘 시계의 초점, 그리고 문 없는 열쇠, 책장의 텅 빈 칸, 서사를 대신하는 먼지 등의 이미지들이 부재와 결핍의 현실을 대변해 주고 있다면, 숨을 쉬는 방, 햇빛 속에서 춤추는 먼지 등의 이미지는 충만과 활력의 이미지를 표상해 주고 있다.

특히 "비우는 것은 없어지는 게 아니라 다른 이름으로 머무는 곳"이라는 의미심장한 표현이라든가 "너를 가득 담아놓은 상자 하나 남아 있을까"와 같은 표현들은 부재와 결핍이 상실과 소멸이 아니라 변화와 충만의 다른 이름일 수 있음을 시사한다. 사실 부재라는 것은 있었다가 없어졌다는 의미에서 있었던 자리로서의 "빈 자리"로 존재하는 것을 의미한다. 그러니까 부재는 어떤 과거의 기억으로, 혹은 흔적으로 남아 있는 것이며, 양태의 변화를 통해서 존재하는 것이다. 시인의 관념 속에서도 부재는 부재라는 관념으로 여전히 존재하는 것이며, 그런 점에서 다른 이름으로 머무르는 것이 되기도 한다.

 이런 맥락에서 볼 때, 함께 거주했던 공간에서 어떤 존재가 사라졌을 때, 그 공간은 오히려 사라진 존재로 가득 찰 수 있다. 함께 지낸 시간의 축적이 마치 잉크가 물에 풀어지듯이 그렇게 기억 속에서 풀어지면서 공간을 가득 채울 수 있기 때문이다. 시인이 "너를 가득 담아놓은 상자 하나 남아 있을까"라고 하면서 부재의 너로 가득 찬 충만한 상자를 떠올리는 것은 이러한 메커니즘 때문이라고 할 수 있다. 시인이 이번 시집에서 그토록 부재의 현장에 초점을 맞추어 시화하려고 하는 것은 이러한 풍부함의 원천을 그곳에서 발견하기 때문이다. 부재는 풍부함의 원천일 뿐만 아니라 새로운 가능성의 원천이기도 한데, 다음 시편이 이를 보여준다.

  낡은 지도에는 없는
  옛길을 따라 걷는다

  토끼가 뚫어놓은 구멍마다
  숨겨둔 웃음소리가 새어 나온다

  엎어진 나침반은
  북쪽을 잊고
  돌멩이처럼 눕는다

길을 잃은 손바닥 위로
구겨진 별 하나 떨어진다

그래, 모르는 채로 가자
틀린 시간, 비어 있는 방향으로

무릎이 닳고 신발이 벗겨질 때까지
우리는 조금 틀린 노래를 불렀다
―「길 잃은 이들을 위한 노래」 전문

 길을 잃었다는 것은 방향성을 상실했다는 것이다. 시적 공간에서 "낡은 지도에는 없는"이라는 표현이라든가 "엎어진 나침반" 등의 이미지는 그와 같은 방향감각의 상실을 나타내는 표징들이다. 방향성의 상실은 목표라든가 삶의 지침에 대한 상실을 의미하는데, 이러한 현상은 곧 부재의 현상학이라고 할 만하다. 그런데 길을 잃었다고 해서 길이 없는 것은 아니다. "낡은 지도에는 없는/ 옛길을 따라 걷는다"라는 구절에서 알 수 있듯이, 지도에는 없지만 관습적인 옛길은 있기 마련이고, "길을 잃은 손바닥 위로/ 구겨진 별 하나 떨어진다"는 대목에서 알 수 있듯이, 지상의 길이 없어지면 점성술에서 말하는 그 '별의 길', 즉 천문의 길이자 하늘의 길이 다가오기 마련이다.
 그래서 시인은 "모르는 채로 가자/ 틀린 시간, 비어 있는 방향으로"라고 하면서 길에 대한 집착과 불안을 버리게 된다.

이러한 대목은 부재가 해방의 길로 이어진다는 것을 보여주는 장면인데, 정해진 길이 없기에 다양한 선택과 자유의 길이 주어지고 시적 화자는 그러한 해방감을 만끽할 수 있는 것이다. 어떤 시인은 "잘못된 길이 지도를 만든다"라고 노래했지만, 시적 화자가 선택하는 길은 '모르는 길'이며, '틀린' 길이라고 할 수 있는데, 그러한 길이란 곧 방황과 일탈의 길이라고 할 수 있다. 그런데 우리는 "길을 잃은 손바닥 위로/ 구겨진 별 하나 떨어진다"는 표현에서 추론할 수 있듯이, 그렇게 모르는 길, 틀린 길은 곧 운명의 길을 만날 것이며, 그리하여 자신에게 주어진 하늘의 길, 곧 천명의 길을 실현하게 될 것이다. 이희경 시인에게 부재가 풍요의 원천임과 동시에 해방과 갱신의 길일 수도 있음을 확인할 수 있는 장면이라 할 수 있다.

3. 부재의 사유, 혹은 찰나의 영원성

부재의 시적 공간이 야기하는 다양한 양상과 정동에 대해서 살펴보았다. 부재는 시인으로 하여금 부정적인 양태를 야기하기도 하지만, 더욱 중요한 것은 그것이 풍요와 해방의 원천으로 작동하고 있다는 점이었다. 그런데 역설적으로 부재는 존재를 찾고자 하는 열망을 야기하고, 그러한 열망은 주변에 존재하는 다양한 존재 양상에 주목하게 되는데, 텅 빈 공간을 전제로 해서 관찰하는 주변의 사물은 매우 사소하고 가녀린 존재일 수밖에 없다. 흰 종이 위에 깨알 같은 글씨가 부조되고, 어둠 속에서 불빛 속의 날파리들이 선명하게 부각되듯이, 부재를 전제로 한 존재자에 대한 관찰은 미시적인 세계로 향할 수밖에 없는 것이다. 그리하여 이희경의 이번 시집에서 주변 세계(Umwelt)의 존재자들은 분자생물학의 그것처럼 미세한 현미경의 관찰에 의해 드러나듯이 그렇게 선명하고 풍요로운 유기체적 세계를 이루게 된다.

    공원은 오늘도 살아 있습니다 사람들이 지나가고, 개들이 보이지 않는 것을 쫓고, 웃음소리가 미풍을 타고 떠다닙니다 하지만 나는 지켜보기만 합니다 다른 누군가가 공원 속 정물이 되어 있어요 눈이 마주치면 눈인사라도 할까요?

    구름의 그 느린 흐름은 하늘에서 이상하고 몽환적인 형태로 변하고, 내가 완전히 파악하기도 전에 저만치 물러납니다. 구름은 새가 나는 것과 같은 방식으로 미끄러지지만, 새들은 좀 더 신중하게 느껴지는 방식으로 날아가며, 변화하고, 춤을 춥니다 나는 공기를 가르는 새의 측면 방향을 연구하고, 새가 가진 날개의 효율성을 연구합니다 그들은 나보다 자신에 대해 더 삶을 확신합니다 목적으로 가득 차 있어요

    사람이 아닌 것들, 즉 벌레, 새, 구름을 생각하면 생각이 맑아집니다 덤불 사이로 구불구불 흐르는 시냇물처럼 인간의 손길을 거치지 않아도 투명하게 흘러갑니다
    지나갑니다

카메라가 정말 좋은 순간을 포착한 걸까요? 아니면 그것은 먹먹함 속에서 하나의 찰나의 순간이었을까요 항상 망설임이 있고 항상 멈춤이 있습니다 마치 앞으로 도약하고 결정하려는 충동과 가만히 있으려는 조용하고 저항할 수 없는 끌림 사이에 갇힌 무언가의 문턱에 서 있는 것과 같습니다 찍혀진 것은 숨을 쉬지 않습니다 영원할 것처럼, 나무처럼 생명으로 가득 차 있지만 뿌리를 내려 움직이지 않습니다 다만 정지된 것 안에서

구름이 움직이고, 새가 스쳐갑니다 그리고 나는 그 모든 것의 일부이면서 동시에 그것으로부터 떨어져 앉아 있습니다
―「지나갑니다」 전문

제목이 "지나갑니다"라고 했는데, 무엇이 지나간다는 것일까? "사람이 아닌 것들, 즉 벌레, 새, 구름을 생각하면 생각이 맑아집니다 덤불 사이로 구불구불 흐르는 시냇물처럼 인간의 손길을 거치지 않아도 투명하게 흘러갑니다"라는 표현을 음미해 보며, 지나가는 것은 곧 벌레와 새, 그리고 구름과 같은 자연의 세계라고 할 수 있다. 또한 지나간다는 의미가 그것들이 흘러가는 것이라는 점을 생각해 보면, 곧 자연의 이치라든가 섭리 등이 운행한다는 뜻으로 수용할 수 있다. 그렇게 보면 이 시의 시적 공간인 "공원"은 하나의 소우주라고 할 수 있는데, 이 우주에서는 "사람들이 지나가고, 개들이 보이지 않는 것을 쫓고, 웃음소리가 미풍을 타고 떠다닙니다"라는 대목

처럼 인간과 동물과 자연이 하나로 어우러져 하모니를 이루면서 공존하고 있는 현장이 된다.

  이 우주의 하늘에는 구름과 새들이 날아다니면서 새로운 세계를 구성하는데, "그들은 나보다 자신에 대해 더 삶을 확신합니다 목적으로 가득 차 있어요"라는 대목처럼 어떤 확신과 목적으로 충만해 있다. 그러니까 하늘의 구름이라든가 새들은 자신들만의 고유한 삶의 형식을 지니고 있으며, 고유한 법칙에 의해서 자신들만의 고유한 활력을 영위하고 있는 것이다. 시적 화자는 "나보다"라고 하면서 자신은 그러한 점에서 결격 사유를 지니고 있음을 고백하고 있거니와 이러한 시적 태도는 "사람이 아닌 것들, 즉 벌레, 새, 구름을 생각하면 생각이 맑아집니다"라는 구절과 마찬가지로 인위적인 것에 대한 거부, 혹은 인간의 지배와 폭력에 대해 거리를 둔 세계의 청정무구함을 강조한다. "덤불 사이로 구불구불 흐르는 시냇물처럼 인간의 손길을 거치지 않아도 투명하게 흘러갑니다"라는 관찰 또한 인간의 개입 너머에서 자족적인 흐름을 보이는 자연의 법칙을 상정하고 있는데, 이러한 모습들은 모두 부재의 해방을 경험한 시인의 눈에 포착된 것들이다.

  더욱 주목되는 점은 그러한 자연의 자족적인 세계에는 "앞으로 도약하고 결정하려는 충동과 가만히 있으려는 조용하고 저항할 수 없는 끌림 사이"에서 "항상 망설임이 있고 항상 멈춤이 있"다는 점이다. 이는 자연의 법칙이 일방적으로 동적인 법칙에 의해서만 구성되는 것이 아니라 동적인 법칙과 정적인 법칙이 서로 조화를 이루면서 운행된다는 것을 의미한다.

땅에 속하는 "나무처럼 생명으로 가득 차 있지만 뿌리를 내려 움직이지 않"는 정靜의 세계, "구름이 움직이고, 새가 스쳐가"는 하늘의 동動의 세계가 서로 교감하면서 하나의 우주를 이루고 있는 것이 자연의 섭리이자 이치가 되는 셈이다. 이때 시적 화자는 "나는 그 모든 것의 일부이면서 동시에 그것으로부터 떨어져 앉아 있"는 하나의 자족적인 소우주를 이루고 있는데, "카메라가 정말 좋은 순간을 포착한 걸까요?"라는 설정에서 알 수 있듯이 우주의 이법을 관조하는 견자見者이기도 하다. 견자에 눈에 포착된 세계는 만다라의 세계처럼 다양한 겹으로 이루어진 세계이며, 서로가 서로를 비추어주는 인드라망의 세계이기도 하다. 다음 시에서는 견자로서의 관찰자에 초점이 맞추어진다.

창이 열리면 세상이 또렷해진다 흐릿했던 얼굴들, 알아챌 수 없던 표정들, 그 안에 숨겨진 이야기가 숨을 쉬기 시작한다 나뭇결, 돌멩이의 주름, 사람들의 눈썹 끝에 맺힌 미세한 떨림까지 감지한다

길고양이는 길거리를 떠도는 이야기를 전하고 흩날리는 낙엽은 허공을 맴돌다 한순간 작은 새 떼가 되어 날아오르고 비 오는 날 유리에 맺힌 빗방울들은 떨어지면서도 작은 우주를 머금는다

누군가는 붉은 하트를 날리고 누군가는 하얀 구름 위를 걷

는다 홀로 선 소년의 머리 위엔 초록 싹이 자라고 어느 노인의 창가엔 바닷가의 여름이 출렁이고 속삭이는 연인들은 마주 볼 때마다 금빛 나비들이 서로의 입술을 오간다

꺼질 듯 깜박이는 네온사인 같은 생각들 서로 얽혀 길을 잃은 바람들 불현듯 터져 나오는 독백 같은 눈물은 안경 너머로도 선명히 비친다

내게 상처를 보여줄 때마다 조금씩 드러나고 있는 아픔 앞에서 여전히 흐릿하다 너는 안경을 고쳐 쓰지만 나는, 안갯속에서 너를 잃을까 두려워한다

불안이 스며든 렌즈를 닦아낼 때 불안도 함께 씻겨 내려간다 그럴 때마다, 너의 마음은 조금씩 밝아진다

―「안경」 전문

"창이 열리면 세상이 또렷해진다"는 첫 진술이 어떤 비밀을 폭로해 주는데, 그것은 바로 부재로 인한 상상적 창문의 개방에 의해 전개되는 미시적 세계의 현현을 시사한다. 앞서 인용한 시편처럼 이 시에서도 미시적 세계의 풍경은 섬세한 과정을 통해서 어떤 섭리라든가 이치를 실현하는 과정으로 점철되어 있다. 즉 "나뭇결, 돌멩이의 주름, 사람들의 눈썹 끝에 맺힌 미세한 떨림까지" 시인의 시각 속에 포착되는데, 그러한 것들은 "비 오는 날 유리에 맺힌 빗방울들은 떨어지면서도 작

은 우주를 머금는다"는 표현처럼 어떤 우주적 질서라든가 이치를 반영하고 있다.

이 시에서 주목되는 점은 그러한 자연의 이치를 실현하면서 "그 모든 것의 일부이면서 동시에 그것으로부터 떨어져 앉아 있"(「지나갑니다」)는 인간의 존재 양상이다. 그것은 "홀로 선 소년의 머리 위엔 초록 싹이 자라고 어느 노인의 창가엔 바닷가의 여름이 출렁이고 속삭이는 연인들은 마주 볼 때마다 금빛 나비들이 서로의 입술을 오간다"는 진술처럼 젊은이는 미래의 희망을 토대로 하고, 늙은이는 과거의 추억을 자양분으로 삼으며, 사랑하는 연인들은 비상과 반짝임을 원리로 하는 삶의 양상을 취하고 있다. 그러나 시인이 주목하는 삶의 원리는 앞서 살펴보았던 것처럼 "지워지는 게 사는 일이에요"(「그 동네」)라든가 "안타깝지만 살릴 수 있는 건 없어요. 아무것도요"(「작은 죽음」)라는 구절 속에 담겨 있는 상실과 소멸에 의한 부재의 원리이다. 갑자기 시인이 "꺼질 듯 깜박이는 네온사인 같은 생각들 서로 얽혀 길을 잃은 바람들 불현듯 터져 나오는 독백 같은 눈물은 안경 너머로도 선명히 비친다"라고 하면서 '독백 같은 눈물'을 강조하거나 "내게 상처를 보여줄 때마다 조금씩 드러나고 있는 아픔 앞에서 여전히 흐릿하다 너는 안경을 고쳐 쓰지만 나는, 안갯속에서 너를 잃을까 두려워한다"라고 하면서 상실과 부재에 대한 공포를 제시하는 것은 그러한 삶의 원리를 체득하고 있기 때문이다.

시인은 "불안이 스며든 렌즈를 닦아낼 때 불안도 함께 씻겨 내려간다 그럴 때마다, 너의 마음은 조금씩 밝아진다"라고 하면서 안경의 렌즈를 수정함으로써 그러한 공포에서 벗어날 수 있음을 시사하고 있는데, 이때 "불안이 스며든 렌즈를 닦아낸"다는 것은 곧 소멸과 부재가 풍요와 해방의 원천일 수 있다는 시적 인식의 갱신을 암시한다. 이러한 시적 인식의 갱신이란 "꺼질 듯 깜박이는 네온사인 같은 생각들", 그리고 "서로 얽혀 길을 잃은 바람들"에 질서를 부여하고 그것을 시적 상상력 속에 전유하는 일이 될 것이다.

잘못 기억할 때가 있다
손목이 어깨를, 어깨가 입술을

닿지 않는 손을 내밀면
네온이 꺼진 골목에

짧은 스파크가 튀었다
켜졌다 꺼지는
나도 모르는 사이에
작은 누전으로 연결된 줄들이
떨어진 물방울을 따라
젖은 머리칼이 목덜미를 스칠 때마다
종종 너를 닮은 속도를 타 보는데

유리창에 붙었다가 떨어지는 물방울 같았다
플랫폼에 남아 있는 나

전철은 문이 닫히고

젖은 도로를 빠져나가고

잠이 깬 듯

말을 고르다가 스스로를 놓쳤다

한 번도 버릇처럼 들리지 않았던 말들

우리가 건네던 사소한 인사들

너무 늦게 알았다

그날,

가볍게 젖은 어깨로 돌아서던

우리는 서로를 피해 걷는 연습을 했지

버려진 우산 옆으로 비가 모였다

우산도 없이 비를 맞던 날이었다

—「짧은 스파크」 전문

  표제시에 해당하는 작품인데, "짧은 스파크"라는 강렬한 이미지가 시적 공간의 중심에 자리 잡고 있다. "켜졌다 꺼지는/ 나도 모르는 사이"라는 그 짧은 순간이 시인에게 잊혀지지 않는 시간으로서의 영원이 되는데, 그 영원을 가득 채우는 이미지는 바로 이별의 장면이다. "네온이 꺼진 골목에/ 짧은 스파크가 튀"는 순간이 하나의 정지된 순간으로 이어지는 모든 기억의 순간들을 감싸 안는다. "떨어지는 물방울", 그리고 "유리창에 붙었다가 떨어지는 물방울"과 같은 이미지와 속도로 떠나갔던 너의 이미지, 전철의 문이 닫히고 "플랫폼에 남아 있는 나"의 모습, 그리고 몽롱한 상태로 "잠이 깬 듯" "젖은 도로를 빠져나가던" 아련한 실루엣 등이 그러한 기억의 내용물을 구성한다.

그러니까 시인이 「지나갑니다」라는 시편에서 "찍혀진 것은 숨을 쉬지 않습니다 영원할 것처럼, 나무처럼 생명으로 가득차 있지만 뿌리를 내려 움직이지 않습니다 다만 정지된 것 안에서"라고 했던 것처럼 "네온이 꺼진 골목에"서 튀던 "짧은 스파크"는 영원을 담고 있는 하나의 순간으로 시적 화자의 기억 속에 영원히 남는다. 그리하여 "한 번도 버릇처럼 들리지 않았던 말들", 혹은 "우리가 건네던 사소한 인사들"과 같은 자잘한 사건과 언어들이 영원 속에 각인된다. 순간의 영원성을 담보하고 있는 "짧은 스파크"이기에 "우산도 없이 비를 맞던 날"은 영원히 기억에서 사라지지 않고, 비가 오면 그 스파크는 다시 살아나 시인의 의식 속에 떠오를 것이다.

시인이 강조하는 "짧은 스파크"란 곧 상실과 소멸의 순간으로서 부재가 창출되는 순간을 의미하는데, 그 순간은 짧은 찰나에 불과하지만 시간이 멈추어버린 영원성을 획득한다. 부재의 공간이 온갖 풍요로운 이미지를 산출했듯이 부재의 순간이 영원성을 획득하고 있는 셈이다. 그것은 "네온이 꺼진 골목"이나 "버려진 우산 옆으로 비가 모"이는 순간에 직면하게 되면 언제나 되살아나 시인의 심성을 촉촉하게 적실 것이며, 상상력의 자극에 의해서 의식을 풍요롭게 할 것이다. 이러한 점에서 이희경 시인은 부재를 먹고 사는 시인이라 할 만하다.

   지금까지 이희경 시인의 첫 시집의 시세계를 살펴보았다. 사소하고 자잘한 사물과 사건들에 주목한 시인은 그것들로부터 미시적이고 자족적인 세계를 발견하기도 하고, 자아의 구성이라든가 자아와 타자의 관계 등에 대한 사유를 전개했는데, 그 시적 사유의 깊이와 넓이를 확인할 수 있었다. 이희경 시인의 이번 시집에서 가장 특징적인 점은 '부재'에 대한 사유라고 할 수 있다. "누군가 머물다간 자리에 남은 온기, 조용히 사라진 것들이 남긴 기척", 그리고 "'없는 것들'이 '있는 것들'을 대신해 말을 걸어오는 순간"에 주목한 시인의 부재가 산출하는 풍요로움과 해방의 가능성을 타진하기도 했다. 결국 시인은 부재를 통해서 자연의 섭리라든가 이치에 대해서 사유를 전개하고, 우리의 삶을 지배하는 원리로서 부재의 순간이 영원성과 통하는 비밀을 보여주었다. 사소하고 자잘한 사건을 통해 깊은 자아의 세계를 탐구하거나 부재의 공간과 순간을 통해서 풍요로움과 영원성을 찾아내는 이희경 시인의 시세계는 결국 아이러니의 시학에 기반을 두고 있는 셈이다. 아이러니에 토대를 두고 있기에 시인의 시세계는 단조로운 구조를 지니지 않고 라비린토스와 같은 미로의 세계를 구축할 수 있었을 것이다.

| 이희경 |

충남 부여 출생. 2022년 『심상』으로 등단했다. 현재 동국대학교 문화예술대학원 문예창작과에 재학 중이다.

이메일 : skmathe@naver.com

현대시 기획선 134
짧은 스파크

초판 인쇄 · 2025년 8월 25일
초판 발행 · 2025년 8월 30일
지은이 · 이희경
펴낸이 · 이선희
펴낸곳 · 한국문연
서울 서대문구 증가로29길 12-27, 101호
출판등록 1988년 3월 3일 제3-188호
편집실 | 서울 서대문구 증가로31길 39, 202호
대표전화 302-2717 | 팩스 · 6442-6053
디지털 현대시 www.koreapoem.co.kr
이메일 koreapoem@hanmail.net

ⓒ 이희경 2025
ISBN 978-89-6104-394-6 03810

값 13,000원

＊ 잘못된 책은 바꾸어 드립니다.